Gemüse & Co.

Hinweis: Der Ofen wird, soweit nicht anders angegeben, auf Ober-/Unterhitze vorgeheizt. Die Zubereitungszeiten verstehen sich inklusive Garzeiten, wenn nicht anders angegeben.

★★★★★

Sind Sie mit diesem Titel zufrieden? Dann würden wir uns über Ihre Weiterempfehlung freuen. Erzählen Sie es im Freundeskreis, berichten Sie Ihrem Buchhändler oder bewerten Sie beim Onlinekauf. Und wenn Sie Kritik, Korrekturen, Aktualisierungen haben, freuen wir uns über Ihre Nachricht an:

Christian Verlag
Postfach 40 02 09
D-80702 München
oder per E-Mail an: lektorat@verlagshaus.de

Unser Verlagsprogramm finden Sie unter

www.christian-verlag.de

Produktmanagement: Annika Genning
Korrektur: Sabine Thorn
Layout und Satz: Fred Feuerstein, wigel
Umschlaggestaltung: ZERO Werbeagentur, München, unter Verwendung eines Fotos von Michael Meisen
Repro: Repro Ludwig, Zell am See
Herstellung: Bettina Schippel

Texte und Rezepte: Food Styling & Consulting Christiane Steinfeld, Christl Kurz, Bettina Matthaei, Margit Proebst, Manuela Rüther, Eberhard Schell, The Food Professionals
Fotografie: Manuela Rüther, Kramp + Gölling Fotodesign, Kurt Einwanger, Michael Meisen, The Food Professionals

Printed in Slovenia by Florjancic

Die Deutsche Nationalbibliothek verzeichnet diese Publikation in der Deutschen Nationalbibliografie; detaillierte bibliografische Daten sind im Internet über http://dnb.d-nb.de abrufbar.

ISBN 978-3-86244-995-8

Gemüse & Co.

200 raffinierte Rezepte ohne Fleisch

CHRISTIAN

Inhalt

Aufstrich & Dip

Ob als Snack zwischendurch oder für ein Picknick im Grünen: Aufstriche und Dips sind schnell auch selbst hergestellt, schmecken frisch einfach am besten und bereichern jede vegetarische Zwischenmahlzeit oder ein »Abend-Brot«. Probieren Sie doch gleich mal ein Pesto rosso aus getrockneten Tomaten aus (Bild Seite 10, Rezept auf Seite 9) einfach köstlich!

Tomaten-Paprika-Aromadip

Zubereitung: 40 Minuten
Für 4 Personen, siehe Bild oben, Mitte

Zutaten

1 kleine rote Paprikaschote
2 Tomaten
½ Chilischote
1 Knoblauchzehe
1 TL Apfeldicksaft
1 TL heller Balsamessig
80 ml Oliven
Salz
frisch gemahlener schwarzer Pfeffer

Die Paprikaschote halbieren, Samen und Scheidewände entfernen. Ein Backblech mit etwas Olivenöl bestreichen und die Paprikahälften mit der Schnittfläche nach unten darauflegen. Die Paprika im vorgeheizten Backofen bei 200 °C 15 Minuten backen, bis die Haut Blasen wirft. Die gebackenen Paprikahälften in einen Plastikbeutel füllen und abkühlen lassen. Dann die Haut abziehen.

Die Tomaten an der Oberseite kreuzförmig einritzen, mit kochendem Wasser überbrühen und nach 5 Sekunden kalt abschrecken. Die Haut abziehen. Die Tomaten vierteln und die Kerne sowie den Stielansatz entfernen.

Samen und Scheidewände der Chilischote entfernen. Den Knoblauch schälen, den Keim entfernen und den Knoblauch zerdrücken. Die Tomaten- und Paprikastücke, Chili, den Knoblauch, Apfeldicksaft, Balsamessig und das restliche Olivenöl mit etwas Salz und Pfeffer im Mixer fein pürieren. Nach Belieben zu Brot oder als Dip für Gemüsesticks reichen.

Tipp: Der Dip ist im Kühlschrank 1 Tag haltbar.

Kräuter-Aromadip

Zubereitung: 10 Minuten
Für 4 Personen, siehe Bild links, ganz unten

Zutaten

10 g Rucolablätter
½ Bund Basilikum, Blätter abgezupft
½ Bund glatte Petersilie, Blätter abgezupft
2 Zweige Bohnenkraut, Blätter abgezupft
1 Knoblauchzehe
80 ml Olivenöl
Salz | frisch gemahlener schwarzer Pfeffer
Abrieb von 1 unbehandelten Zitrone
1 Msp. scharfer Senf

Die Rucolablätter putzen. Die Kräuter grob hacken. Den Knoblauch schälen, den Keim entfernen und den Knoblauch zerdrücken. Alle vorbereiteten Zutaten gemeinsam mit dem Olivenöl, Salz, Pfeffer, dem Zitronenabrieb und Senf im Mixer fein pürieren.

Nach Belieben Brot oder Gemüsesticks dazu reichen.

Tipp: Experimentieren Sie mit verschiedenen Kräutern! Dill und Kerbel beispielsweise ergeben ebenfalls eine feine Mischung. Ein Dip nur mit Petersilie oder Rucola als einzigem Bestandteil ist ebenso würzig. Der Dip hält sich im Kühlschrank 24 Stunden.

Oliven-Aromadip

Zubereitung: 10 Minuten
Für 4 Personen, siehe Bild links, ganz oben

Zutaten

25 g schwarze Oliven, entsteint
1 EL Kapern | 2 getrocknete Tomaten
½ Bund Zitronenthymian, Blätter abgezupft
etwas Abrieb von 1 unbehandelten Zitrone
80 ml Olivenöl

Alle Zutaten in den Mixer geben und fein pürieren.

Tipp: Auch dieser Aromadip schmeckt wunderbar zu Brot oder Gemüsesticks und hält sich im Kühlschrank bis zu 1 Woche.

Pesto rosso aus getrockneten Tomaten

Zubereitung: 10 Minuten
Ergibt 1 Glas (50 ml), siehe Bild Seite 10

Zutaten

25 g getrocknete Tomaten
1 Knoblauchzehe
1 unbehandelte Zitrone
8 EL Olivenöl
4 EL Pinienkerne
2 Stängel Basilikum, Blätter abgezupft
Salz | frisch gemahlener schwarzer Pfeffer

Den Knoblauch schälen, den Keim entfernen. Etwas Schale von der Zitrone abreiben, den Saft auspressen.

Im Mixer alle Zutaten fein pürieren. Mit Salz und Pfeffer abschmecken. Das Pesto in ein sterilisiertes Glas füllen und bis zur weiteren Verwendung fest verschließen.

Tipp: Das Pesto hält sich im Kühlschrank bis zu 1 Woche und ist ein schmackhafter Dip für Gemüsesticks oder Brot.

Cashew»käse« mit Thymian

Zubereitung: 15 Minuten plus 2 Stunden zum Ziehen
Für 2 Käse, siehe Bild ganz rechts

Zutaten

400 g gekeimte Cashewkerne
1 Prise edelsüßes Paprikapulver
Salz
frisch gemahlener schwarzer Pfeffer
1 Bund Thymian, Blätter abgezupft

- Die gekeimten Cashewkerne im Mixer fein pürieren und anschließend die Masse mit Paprikapulver, Salz und Pfeffer abschmecken. Gut durchkneten.

- Die Masse halbieren und zwei kleine Käselaibe formen. Die Laibe in Thymian wälzen und mindestens 2 Stunden vor dem Servieren ziehen lassen.

Walnuss-Kümmel-»Käse«

Zubereitung: 10 Minuten plus 2 Stunden zum Ziehen
Für 2 Käse, siehe Bild oben

Zutaten

200 g gekeimte Cashewkerne
200 g Walnüsse (oder junge Schälnüsse), 24 Stunden eingeweicht
1 Prise Schabzigerkleepulver
Salz
frisch gemahlener schwarzer Pfeffer
4 EL Kümmel

- Die Nüsse im Mixer fein pürieren. Die Masse mit Schabzigerklee, Salz und Pfeffer abschmecken. Gut durchkneten.

- Die Masse halbieren und zwei kleine Käselaibe formen. Die Laibe im Kümmel wenden und mindestens 2 Stunden vor dem Servieren ziehen lassen.

Sonnenblumenkern-Pilz-»Käse«

Zubereitung: 10 Minuten plus 2 Stunden zum Ziehen
Für 2 Käse, siehe Bild links unten

Zutaten

200 g gekeimte Sonnenblumenkerne
Salz
frisch gemahlener schwarzer Pfeffer
100 g gehäutete Mandeln, 1 Tag eingeweicht
15 g getrocknete Steinpilze, gemahlen

- Die Sonnenblumenkerne und Mandeln im Mixer fein pürieren. Die Masse mit Salz und Pfeffer abschmecken. Gut durchkneten.

- Die Masse halbieren und zwei kleine Käselaibe formen. Die Laibe im Pilzpulver wenden und mindestens 2 Stunden vor dem Servieren ziehen lassen.

Tipp: Diese Käse sind Frischkäse und sollten bald verbraucht werden. Sie halten sich im Kühlschrank etwa 2–3 Tage.

Schnittlauch-Kartoffel-Dip

Zubereitung: 15 Minuten
Ergibt 4 Portionen, siehe Bild links oben

Zutaten

2 mittelgroße mehligkochende Kartoffeln, gekocht
3 Knoblauchzehen
4 EL Schnittlauchröllchen
5 EL Olivenöl | 3 EL Crème fraîche
6 EL Gemüsebrühe
2 EL gehackte Minze
Salz | Pfeffer | 2 EL Weißweinessig

Die gekochten Kartoffeln pellen und durch ein Sieb streichen. Den Knoblauch schälen, pressen und gemeinsam mit den Schnittlauchröllchen, dem Öl, der Crème fraîche, Brühe und Minze unter die Kartoffelmasse rühren. Mit Salz, Pfeffer und Essig abschmecken.

Avocadocreme

Zubereitung: 20 Minuten
Ergibt 4 Portionen, siehe Bild links unten

Zutaten

2 weiche Avocados | 1 Schalotte
1 kleine Knoblauchzehe
2 Tomaten | 2 EL gehackter Koriander
¼ TL Kreuzkümmel | 1 EL Limettensaft
Salz | grob gemahlener Pfeffer | Zucker

Die Avocados halbieren, Stein herauslösen und das Fruchtfleisch mit einem Löffel herausheben. Die Schalotte und den Knoblauch schälen. Schalotte fein würfeln und Knoblauch pressen. Tomaten waschen und in feine Streifen schneiden. Avocadofruchtfleisch mit einer Gabel cremig zerdrücken. Schalottenwürfel, Knoblauch, Tomatenstreifen und Koriander unterrühren. Mit Kreuzkümmel, Limettensaft, Salz, Pfeffer und Zucker pikant abschmecken.

Scharfe Salsa

Zubereitung: 25 Minuten
Ergibt 4 Portionen, siehe Bild rechts oben

Zutaten

3 mittelgroße Tomaten
1 rote Zwiebel | 1 rote Chilischote
4 EL Olivenöl | 2 EL brauner Zucker
3 EL Tomatenmark
4 EL gehackte Petersilie
3 EL Tomatenketchup | Salz | Pfeffer

Die Tomaten an der Oberseite kreuzförmig einritzen, mit kochendem Wasser überbrühen und nach 5 Sekunden kalt abschrecken. Die Haut abziehen. Die Tomaten vierteln und die Kerne sowie den Stielansatz entfernen.

Die Zwiebel schälen. Die Chilischote waschen, längs halbieren und entkernen. Zwiebel und Chilischote fein hacken. Öl in einer Pfanne erhitzen und die Zwiebel mit Chilischote darin braten. Zucker unterrühren. Tomatenfleisch dazugeben und etwas einkochen. Tomatenmark, Petersilie und Ketchup hinzugeben, mit Salz und Pfeffer abschmecken.

Bayrische Käsecreme

Zubereitung: 20 Minuten, Ziehzeit: 1 Stunde
Ergibt 4 Portionen, siehe Bild rechts unten

Zutaten

1 Schalotte | 200 g Camembert
1 Bund Schnittlauch, in feine Röllchen geschnitten
1 kleine Knoblauchzehe | 200 g Crème fraîche
½ TL Paprikapulver | Salz | Pfeffer

Die Schalotte schälen und mit dem Camembert fein würfeln. Den Knoblauch schälen und pressen. Crème fraîche mit Camembert-, Schalottenwürfeln, Schnittlauch und Knoblauch verrühren. Mit Paprikapulver, Salz und Pfeffer abschmecken, ca. 1 Stunde ziehen lassen. Dann die Käsecreme nochmal abschmecken.

Rettich-Sellerie-Aufstrich

Zubereitung: 20 Minuten
Für 10 Kanapees, siehe unten

Zutaten

100 g schwarzer Rettich, geschält
60 g Knollensellerie, geschält | 40 ml Sahne
Schokoladensalz | Pfeffer
20 g weiße Schokolade, fein gehackt
10 kleine Scheiben Bauernbrot
30 g Radieschen, in feine Stifte geschnitten (zur Garnitur)

Rettich und Sellerie in ganz feine Streifen schneiden oder fein reiben. Beides mit der Sahne vermischen und mit Schokoladensalz und Pfeffer abschmecken. Zum Schluss die gehackte Schokolade unterziehen. Das Bauernbrot rösten, den Aufstrich auf die Brote geben und mit den Radieschen garnieren.

Karotten-Apfel-Aufstrich

Zubereitung: 20 Minuten
Für 10 Kanapees, siehe oben

Zutaten

80 g Karotten, geschält
40 g Knollensellerie, geschält
40 g Apfel
40 g Naturjoghurt
1 TL Sonnenblumenöl | Zitronensaft
20 g weiße Schokolade mit Safran, gehackt
Schokoladensalz
10 Scheiben Baguette
20 g Karotten, geschält, in feine Stifte geschnitten (zum Garnieren)
20 g Haselnüsse, gehackt (zum Garnieren)

Die Karotten und den Sellerie fein reiben. Den Apfel fein würfeln. Karotten, Sellerie und Apfel mit dem Joghurt, dem Öl, mit Zitronensaft nach Geschmack und der Schokolade vermischen und mit Schokoladensalz abschmecken.

Die Baguettescheiben rösten, den Aufstrich daraufstreichen, mit Karottenstiften und gehackten Haselnüssen garnieren und servieren.

Nussaufstrich

Zubereitung: 15 Minuten
Ergibt 600 g, siehe oben

Zutaten

250 g Nusskerne (alle Sorten sind möglich)
250 g Butter
Schokoladensalz
60 ml Amaretto
40 g edelherbe Schokolade (70 % Kakaogehalt), fein gehackt
½ TL Kakao-Nibs

Die Nüsse fein mahlen und in eine Schüssel geben. Die Butter hinzufügen, beides leicht vermischen und etwas Schokoladensalz hinzugeben. Gemeinsam mit dem Amaretto schaumig schlagen. Zum Schluss die gehackte edelherbe Schokolade sowie die Kakao-Nibs unterziehen.

Tipp: Schokoladensalz ist im Gewürzfeinkostladen oder online erhältlich. Die Dips sind gut verschlossen im Kühlschrank einige Tage haltbar.

Frischkäse-Stracciatella

Zubereitung: 30 Minuten
Für 12 Kanapees, siehe unten

Zutaten

200 g Frischkäse
50 ml Sahne
1 TL Schokoladensalz
40 g edelherbe Schokolade (70 % Kakaogehalt) beispielsweise aus Tansania

In einer Schüssel den Frischkäse und die Sahne glatt rühren, das Schokoladensalz untermischen. Den Aufstrich im Kühlschrank gut durchkühlen lassen. Unterdessen die Schokolade im Wasserbad auf 44 °C erwärmen, herausnehmen, auf 22 °C abkühlen lassen und dann im Wasserbad wiederum auf exakt 32 °C erwärmen. Diesen Vorgang nennt man Temperieren. Die Schokolade unter beständigem Rühren mit einem Schneebesen langsam in die Käsemasse fließen lassen. Durch das langsame, kontinuierliche Einrühren in die sehr kalte Masse stockt die Schokolade sofort und bildet die für Stracciatella typischen Schokostückchen.

Dieser Aufstrich mundet auf allen Brotsorten und ist auch ideal zum Garnieren von Appetithäppchen auf Vollkornbrot mit Tomaten oder Gurken.

Vegetarisches Kräuterschmalz

Schmalz mal von einer ganz anderen Seite, mit aromatischen Kräutern und dem beliebten Geschmack von Zwiebel und Apfel.

Zubereitung: 20 Minuten, Ziehzeit: 1 Stunde
Ergibt 4 Portionen, siehe Bild rechts

Zutaten

1 mittelgroße Zwiebel
1 kleine Knoblauchzehe
1 mittelgroßer Apfel
250 g Margarine
1 TL gehackter Oregano
1 TL gehackter Salbei
1 TL Zitronenmelisse
1 TL Petersilie
Salz
Zitronenpfeffer
Zucker

Die Zwiebel und den Knoblauch schälen. Den Knoblauch pressen. Den Apfel vierteln, das Kerngehäuse entfernen, den Apfel schälen und mit der Zwiebel fein reiben.

In einem kleinen Topf 125 g Margarine schmelzen lassen und Apfel, Zwiebel und Knoblauch untermischen. Unter Rühren etwa 10 Minuten bei kleiner Hitze garen. Die Kräuter dazugeben und erneut erhitzen. Die restliche Margarine unterrühren und mit Salz, Pfeffer und Zucker pikant abschmecken. Das Schmalz ca. 1–2 Stunden vor dem Servieren kalt stellen. Mit frischem Bauernbrot servieren.

Tomaten-Petersilien-Butter

Lassen Sie sich von diesem Aufstrich überraschen, Sie werden begeistert sein.

Zubereitung: 40 Minuten
Ergibt 8 Portionen

Zutaten

½ Bund Petersilie
1–2 Knoblauchzehen
250 g Butter
100 g Tomatenmark
Salz
frisch gemahlener schwarzer Pfeffer
Zucker

Die Petersilie waschen, trocken tupfen und fein hacken. Den Knoblauch schälen. In einem Topf die Butter schmelzen. Das Tomatenmark unterrühren, den Knoblauch pressen und dazugeben. Die gehackte Petersilie unterheben, mit den Gewürzen abschmecken und kalt werden lassen.

Tipp: Dieser Aufstrich schmeckt gut zu geröstetem Brot und gegrilltem Fleisch. Beide Aufstriche halten sich dunkel verwahrt im Kühlschrank einige Tage.

Salate

Ein Salat kann mehr als »nur« Beilage zu sein – angereichert mit Hülsenfrüchten, Gemüse oder Fisch macht er sich hervorragend als Hauptgericht; klein und fein serviert mit außergewöhnlichen Zutaten ist er eine leichte Vorspeise, die einfach neugierig auf die weiteren Gänge macht. Wie dieses Rezept (Bild links, Rezept auf folgender Seite) mit Avocado, Babyspinat und Sesamdressing – guten Appetit!

Avocado-Spinat-Salat mit Sesamdressing

Zubereitung: 40 Minuten
Für 4 Personen, siehe Bild Seite 20

Zutaten

Abrieb und 1 EL Saft von 1 unbehandelten Limette
1 EL Reisessig
2 EL helle Sojasauce
2 TL geröstetes Sesamöl
2 EL helles Sesamöl
Salz
frisch gemahlener grüner Pfeffer
1 TL frisch gemahlener Koriander
2 EL geschälte Sesamsaat
1 Bund frischer Koriander, Blätter und Stiele gehackt
150 g Babyspinat
2 Minigurken
2 kleine reife Avocados

In einer kleinen Schüssel den Limettensaft mit dem Reisessig und der Sojasauce verrühren, dann nach und nach die Öle unterschlagen. Mit wenig Salz und reichlich Pfeffer abschmecken, gemahlenen Koriander und Limettenabrieb unterrühren.

In einer Pfanne den Sesam ohne Fett rösten, bis er duftet. Abkühlen lassen. Den Spinat waschen und trocken schleudern, die Stiele entfernen, die Blätter nach Belieben in Streifen schneiden. Die Gurken waschen, schälen, längs halbieren, die Kerne herauskratzen, das Fruchtfleisch in dünne Scheiben hobeln. Die Avocados halbieren, den Kern entfernen, das Fruchtfleisch aus der Schale lösen und in Scheibchen schneiden.

Den Spinat mit Gurken und Avocados anrichten; salzen und pfeffern. Das Dressing nochmals durchrühren und darüberträufeln. Mit Koriander und Sesam bestreuen.

Rettichsalat mit Sesamtofu

Die feine Schärfe von Rettich und Radieschen passt gut zum milden Tofu.

Zubereitung: 25 Minuten
Für 4 Personen, siehe Bild rechts

Zutaten

600 g weißer Rettich
Salz
400 g schnittfester Tofu
3 EL helle Sojasauce
2 TL geröstetes Sesamöl
4 EL Weißweinessig
Zucker
1 Bund Schnittlauch, in feine Röllchen geschnitten
½ Bund Radieschen, in feine Stifte geschnitten
6 EL Pflanzenöl
1 EL Sesam

Den Rettich schälen, in Scheiben hobeln, salzen und 10 Minuten Wasser ziehen lassen. Den Tofu in 2 cm große Würfel schneiden, mit Sojasauce und Sesamöl vermischen und 10 Minuten durchziehen lassen.

Den Essig mit je 1 Prise Salz und Zucker verrühren und 4 EL Öl unterschlagen, Schnittlauch und Radieschenstifte untermischen.

In einer Pfanne das restliche Öl erhitzen. Die Tofuwürfel mit Küchenpapier abtupfen und in der Pfanne in etwa 4 Minuten rundherum knusprig braun braten. Den Sesam darüberstreuen und 1 Minute mitbraten.

Den Rettich trocken tupfen und auf vier Tellern anrichten. Das Radieschen-Dressing darüber verteilen. Die Sesam-Tofuwürfel darauf anrichten und mit Radieschenblättchen garnieren.

Mandarinen-Karotten-Salat

Zubereitung: 20 Minuten
Für 8 Personen, siehe Bild links

Zutaten

1 Dose Mandarinorangen (170 g Abtropfgewicht)
oder 3 Orangen
Saft von 1 Orange
1 gestrichener TL Salz
⅓ TL Cayennepfeffer
1 TL Honig
3 EL Walnussöl
800 g Karotten
2–3 Stängel Zitronenmelisse
6 Paranüsse

Die Mandarinorangen in einem Sieb abtropfen lassen oder die drei Orangen filetieren. Dafür die Orangen inklusive weißer Innenhaut schälen und die Filets mit einem scharfen Messer auslösen. In einer Schüssel den Orangensaft mit dem Salz, Cayennepfeffer und Honig verrühren, dann das Öl unterschlagen.

Die Karotten schälen und grob raspeln. Die Zitronenmelisse waschen, trocken schütteln und die Blätter fein schneiden. Die Paranüsse feinblättrig schneiden.

Die Karottenraspel, Mandarinorangen oder Orangenfilets, Zitronenmelisse und Paranüsse unter das Orangendressing mischen. Kurz ziehen lassen und servieren.

Kerbelknollen-Carpaccio mit Kürbiskernen

Wenn Sie Kerbelknollen im Vorfrühling auf dem Markt entdecken, greifen Sie zu: Die rare Delikatesse verspricht ein ungewöhnliches Geschmackserlebnis.

Zubereitung: 15 Minuten
Für 2 Personen

Zutaten

1 EL Kürbiskerne
2 EL weißer Balsamicoessig
⅓ TL Fleur de Sel
Zucker
4 EL Kürbiskernöl
200 g Kerbelknollen

Die Kürbiskerne grob hacken und in einer Pfanne ohne Fett leicht rösten. Auf einem Teller abkühlen lassen.

In einer kleinen Schüssel den Essig mit dem Fleur de Sel und 1 Prise Zucker verrühren, bis sich alles aufgelöst hat. Das Kürbiskernöl unterschlagen.

Die Kerbelknollen unter fließendem kaltem Wasser gründlich abbürsten. Die Knollen in dünne Scheiben hobeln und dachziegelförmig überlappend auf zwei Tellern anrichten. Das Dressing darüberträufeln und die Kürbiskerne darüberstreuen.

Variante: Roh mariniert entfaltet sich das nussige, an Maronen erinnernde Aroma der Kerbelknollen besonders gut. Sie können sie aber auch klein würfeln und 2–3 Minuten in Butterschmalz sautieren – passt gut als Beilage zu Kalbsschnitzel oder Zanderfilet.

Rote Bete mit rosa Grapefruit

Ein fruchtig-feines Dressing aus Grapefruitsaft und Walnussöl ist das i-Tüpfelchen auf dieser schnellen Vorspeise für zwei.

Zubereitung: 15 Minuten
Für 2 Personen

Zutaten

1 Handvoll Feldsalat
4 Walnusshälften
1 rosa Grapefruit
½ TL mittelscharfer Senf
Salz
frisch gemahlener schwarzer Pfeffer
3 EL Walnussöl
250 g gegarte Rote Bete (vakuumverpackt)

Den Feldsalat sorgfältig putzen, waschen und in einem Sieb abtropfen lassen. Die Walnusshälften grob hacken.

Die Grapefruit filetieren. Dafür die Grapefruit inklusive weißer Innenhaut schälen. Über einer Schüssel mit einem scharfen Messer die Filets zwischen den Trennhäutchen herausschneiden. Den Saft dabei auffangen.

Vom aufgefangenen Grapefruitsaft 3 EL abmessen und diesen in einer kleinen Schüssel mit dem Senf und je 1 kräftigen Prise Salz und Pfeffer verrühren. Das Walnussöl unterschlagen.

Die Rote Bete (am besten Einmalhandschuhe benutzen, damit Hände und Nägel nicht verfärben) in dünne Scheiben schneiden und dachziegelförmig auf zwei Tellern auslegen. Den Feldsalat und die Grapefruitfilets mittig darauf anrichten. Das Dressing darüberträufeln und die gehackten Walnüsse darüberstreuen. Dazu schmeckt knuspriges Baguette.

Tipp: Vorgegarte, vakuumverpackte Rote Bete ist superpraktisch, wenn es schnell gehen soll. Wer die Rote Bete selber garen möchte, entfernt die Blätter, bedeckt die Knollen mit Salzwasser und kocht sie, je nach Größe, in 40–50 Minuten weich. Achten Sie darauf, die Schale nicht zu verletzen, damit die Knollen beim Kochen nicht »ausbluten«, sprich ihren wertvollen Saft ans Kochwasser abgeben.

Selleriesalat mit Haselnüssen

Einfach und raffiniert zugleich – mit feinem Nussöl und 1 Prise Zimt wird aus »Omas« Selleriesalat eine Delikatesse.

Zubereitung: 1 Stunde
Für 4 Personen

Zutaten

1 kleine Knolle Sellerie (etwa 800 g)
Salz
10–12 Haselnüsse
½ Kopf Salat, beispielsweise Lollo biondo
4 EL Weißweinessig
Zucker
4 EL Haselnussöl
grob gemahlener schwarzer Pfeffer
gemahlener Zimt

In einem Topf den Sellerie mit Salzwasser bedecken und in etwa 45 Minuten weich garen. Anschließend herausnehmen und lauwarm abkühlen lassen.

Unterdessen die Haselnüsse grob hacken und in einem Pfännchen ohne Fett bei schwacher Hitze rösten. Den Salat waschen, trocken tupfen und vier Teller damit auslegen.

Den Essig mit etwas Salz und 1 Prise Zucker verrühren, bis sich beides aufgelöst hat. Das Nussöl unterschlagen und die Vinaigrette mit Pfeffer sowie 1 Prise Zimt abschmecken.

Den abgekühlten Sellerie schälen, in mundgerechte Stücke schneiden und im Dressing wenden. Auf dem Lollo biondo anrichten und die gehackten Haselnüsse darüberstreuen.

Variante: Nach Belieben den Selleriesalat zusätzlich mit ein wenig Gorgonzola (etwa 30 g pro Person einrechnen) garnieren.

Schokoladiger Frühlingssalat mit Spargel

Schokoladensenf und -salz verleihen dem Dressing ein feines Schokoladenaroma. Streuen Sie für ein noch stärkeres Schokoladengeschmackserlebnis fein geraspelte Schokolade oder Kakao-Nibs über den Salat.

Zubereitung: 30 Minuten
Für 4 Personen

Zutaten

je 16 Stangen weißer und grüner Spargel
Butter
Salz
Zucker
4 Handvoll gemischter Blattsalat (etwa Radicchio, Eichblatt, Frisée, Rucola, Lollo Rosso)

Für die Vinaigrette
50–60 g Schokoladensenf
80–100 ml Winzersekt
1–2 EL Sherryessig
2 EL Sonnenblumenöl
2 Schalotten, fein gewürfelt
1 Bund Schnittlauch, in Röllchen geschnitten
Schokoladensalz
frisch gemahlener schwarzer Pfeffer
Zucker
frischer Kerbel oder Petersilie, zum Garnieren

Die Spargelstangen gründlich schälen, die weißen ganz, von den grünen nur das untere Drittel. In einem Topf Wasser aufkochen lassen. Etwas Butter, Salz und 1 Prise Zucker hineingeben und die Stangen darin etwa 8 Minuten kochen.

Die Stangen herausheben und auf ein Tuch legen. Die Spitzen etwa 8 cm lang abschneiden und lauwarm auf vier Tellern anrichten.

Die Blattsalate waschen, trocken schleudern und auf den Tellern zu dem Spargel arrangieren.

Für die Vinaigrette in einer kleinen Schüssel den Schokoladensenf, den Sekt, den Essig und das Öl verschlagen. Die fein gewürfelten Schalotten und den Schnittlauch unterrühren. Die Vinaigrette mit Schokoladensalz, Pfeffer und etwas Zucker abschmecken.

Den Spargel und das Salatbukett mit der Vinaigrette überziehen. Jede Portion mit etwas Kartoffelstroh und Kerbel oder Petersilie garnieren und servieren.

Variante: Wer den Salat etwas gehaltvoller mag, kann Kartoffelstroh dazu servieren. Dafür 2 mittelgroße, mehligkochende Kartoffeln schälen und erst in dünne Scheiben, dann in feine Streifen schneiden. Öl zum Frittieren erhitzen und die Kartoffelstreifen im Fettbad zu Kartoffelstroh ausbacken. Aus dem Öl heben und auf einem Tuch oder Küchenpapier entfetten.

Herzhafter Orangen-Rotkohl-Salat

Dieser Salat wird zwar unter anderem mit Mayonnaise angemacht, schmeckt aber durch die Säure der Orangen und die Geschmacksnoten der herben Schokolade trotzdem fruchtig-leicht.

Zubereitung: 40 Minuten
Für 4 Personen

Zutaten

2 unbehandelte Orangen
350 g Rotkohl
250 g Karotten
50 g Sultaninen
150 g Mayonnaise
3 EL fein gehackte gemischte Nüsse
1 EL alter Balsamessig
15 g Milchschokolade, fein gehackt
15 g edelherbe Schokolade (70 % Kakaogehalt), fein gehackt
Salz
frisch gemahlener schwarzer Pfeffer

Von 1 Orange die Schale abreiben und beiseitestellen. Von der zweiten Orange die Schale in Zesten abziehen und beiseitestellen. Beide Orangen mit einem scharfen Messer mitsamt der weißen Innenhaut schälen und filetieren. Dann 4 Orangenfilets beiseitelegen, die anderen Filets in je 3 Stücke schneiden.

Den Rotkohl in feine Streifen schneiden, die Karotten reiben und beides mit den Sultaninen in eine Salatschüssel geben, ⅔ der Orangenstücke vorsichtig unterheben.

Die Mayonnaise mit dem Orangenabrieb, den Nüssen, dem Essig und beiden Schokoladen verrühren; zum Salat geben und diesen mit Salz und Pfeffer abschmecken. Gut durchheben, bis alle Zutaten mit Mayonnaise überzogen sind.

Den Salat mit den restlichen Orangenstücken und den -filets sowie den Zesten garnieren und sofort servieren.

Karotten-Gurken-Salat mit Algen und Sesamdressing

Sesam kommt hier in dreierlei Form zum Einsatz: als Paste, als geröstetes Öl im Dressing sowie als zerstoßene Samen im Topping, das zusätzlich nach geröstetem Koriander schmeckt.

Zubereitung: 1 Stunde plus 30 Minuten Marinieren
Für 4 Personen

Zutaten

2 EL helles Tahini (aus geschältem Sesam)
1 EL Akazienhonig
3 EL helle Sojasauce
3 EL Reisessig
2 TL geröstetes Sesamöl
15 g getrocknete Wakame-Algen
500 g Karotten
Salz
3–4 Minigurken (etwa 400 g)
1 EL eingelegte grüne Pfefferkörner, nach Belieben mehr
2 EL geschälter Sesam
1 EL Koriander
¼ TL Zucker
1 EL Noriflakes oder 1 Noriblatt (siehe Tipp)

Für das Dressing Tahini und Honig glatt rühren. Nach und nach die Sojasauce und den Reisessig unterrühren, zum Schluss das Öl unterschlagen.

Die Wakame-Algen mit reichlich warmem Wasser übergießen und etwa 5 Minuten quellen lassen. Danach abgießen und ausdrücken. Die Karotten schälen, in Streifen hobeln, in Salzwasser 2 Minuten blanchieren, eiskalt abbrausen und abtropfen lassen. Die Gurken mit Schale ebenfalls in dünne Streifen hobeln, salzen und 10 Minuten stehen lassen. Danach abbrausen und mit Küchenpapier sehr gut ausdrücken. Die Pfefferkörner abbrausen und trocken tupfen, nach Belieben grob hacken oder ganz lassen.

Algen, Karotten, Gurken und Pfefferkörner mit dem Dressing mischen und etwa 30 Minuten durchziehen lassen, dabei öfter wenden.

Inzwischen Sesam und Koriander in einer Pfanne ohne Fett rösten, bis sie duften und der Sesam gerade eben Farbe annimmt. Mit je einem Viertel Teelöffel Salz und Zucker im Mörser zerstoßen, die Noriflakes untermischen. Dieses Topping separat zum Salat servieren und vor dem Verzehr darüberstreuen.

Tipp: Statt Noriflakes Noriblätter (für Sushi, aus dem Asialaden) mit der Schere erst in 2–3 mm schmale Streifen, diese dann in kleine Stückchen schneiden. Wird die Kruste im Voraus zubereitet, müssen die gehackten Zesten vor der weiteren Verarbeitung komplett trocknen.

Glasnudelsalat mit Mango und Garnelen

Erfrischend, fruchtig, scharf und typisch asiatisch ist dieser Salat, dessen Säure durch die aromatische Süße der Mango ausgeglichen wird. Lauch ergänzt die Knoblauchschärfe, Soja- und Fischsauce bringen Umami-Geschmack ins Spiel.

Zubereitung: 50 Minuten plus 30 Minuten Marinieren
Für 4 Personen

Zutaten

30 g Ingwer
2 Knoblauchzehen
2 EL Reisessig
2 EL Limettensaft
3 EL helle Sojasauce
1 TL Fischsauce
½ TL Zucker
Salz
150 g breite Glasnudeln (3–5 mm; siehe Tipp)
100 g Karotten
1 dünne Stange Lauch
1 reife Mango
2 grüne Chilischoten
1 Bund frischer Koriander
400 g rohe Garnelen, küchenfertig vorbereitet
2 EL Erdnussöl

Für das Dressing den Ingwer schälen, in zentimetergroße Stücke schneiden und mit einer Knoblauchpresse den Saft auspressen. Den Knoblauch schälen und sehr fein hacken. Reisessig, Limettensaft, Sojasauce und Fischsauce mit dem Zucker und etwas Salz verrühren, bis sie sich gelöst haben. Knoblauch und Ingwersaft zugeben.

Die Glasnudeln 4 Minuten (oder nach Packungsangabe) kochen. Anschließend in ein Sieb abgießen, eiskalt abbrausen und abtropfen lassen. Mit dem Dressing mischen.

Die Karotten schälen und in Juliennestreifen (dünne Stäbchen) schneiden. Vom Lauch nur den weißen und hellgrünen Teil verwenden; diesen gründlich waschen und längs in 5–6 cm lange, sehr dünne Streifen schneiden. Die Mango schälen, das Fruchtfleisch zuerst in einen halben Zentimeter dicken Scheiben vom Stein und dann in schmale Streifen schneiden. Die Chilischoten waschen und schräg in dünne Ringe schneiden, die Samen und weißen Scheidewände dabei entfernen. Den Koriander abbrausen und trocken tupfen. Die zarten Stiele hacken, die Blättchen ganz lassen.

Die Karotten, den Lauch, die Mango, Chili und Korianderstiele unter die Nudeln mischen. Den Salat mindestens 30 Minuten durchziehen lassen.

Die Garnelen kalt abbrausen, trocken tupfen und im heißen Öl etwa 4 Minuten braten, dabei öfter wenden. Sie sollen außen rosa gefärbt und innen noch etwas glasig sein. Die heißen Garnelen auf dem Salat anrichten und mit Korianderblättchen bestreuen.

Tipp: Breite Glasnudeln lassen sich leichter mit der Gabel oder mit Stäbchen essen als die ganz dünne, recht glitschige Variante.

Schwarzwurzelsalat mit Mandel-Topping und Gewürzvinaigrette

Aromatisch-scharfe Paradieskörner und warmer Piment würzen die Vinaigrette mit mildem Mandelöl, das den nussigen Eigengeschmack der Schwarzwurzeln nicht übertönt.

Zubereitung: 1 Stunde
Für 4 Personen

Zutaten

2 EL Apfelsaft
1–2 TL Sherryessig
Meersalz
1 EL Dijonsenf
2 EL Birnendicksaft
1 TL frisch gemahlene Paradieskörner
½–1 TL frisch gemahlener Piment
4 EL Mandelöl
1 unbehandelte Zitrone
600 g Schwarzwurzeln
2 reife, aromatische Birnen
40 g Mandelblättchen
1 TL frisch gemahlener oder zerstoßener Schwarzkümmel

Den Apfelsaft und Sherryessig mit dem Salz verrühren. Den Dijonsenf und Birnendicksaft zugeben und alles glatt rühren. Mit Paradieskörnern und Piment würzen. Nach und nach das Mandelöl unterschlagen, bis die Vinaigrette eine homogene, cremige Konsistenz erhält.

Die Zitrone heiß waschen und abtrocknen. Die Schale abraspeln, den Saft auspressen. Die Schwarzwurzeln unter fließendem Wasser sauber bürsten und – falls sie nicht in den Topf passen – halbieren.

Den Zitronensaft und etwas Salz in einen Topf mit kochendem Wasser geben, die Schwarzwurzeln hinzufügen und etwa 20 Minuten köcheln lassen. Sie sollen gar, aber nicht zu weich sein.

Die Schwarzwurzeln abgießen, kurz abschrecken, schälen und schräg in Stücke schneiden. Die Birnen schälen, vierteln, das Kerngehäuse entfernen und die Birnen ebenfalls in Scheiben schneiden.

Schwarzwurzeln und Birnen mit der Vinaigrette mischen und etwas durchziehen lassen. Die Mandelblättchen in einer Pfanne ohne Fett rösten, bis sie duften. Abkühlen lassen und grob im Mörser zerstoßen. Mit 1–2 TL Zitronenschale, 1 Prise Salz und dem Schwarzkümmel mischen. Das Topping über den Salat streuen.

Die Bohnen waschen und in kaltem Wasser 8 Stunden quellen lassen. Abgießen, mit Kreuzkümmel und Lorbeer in einen Topf geben, mit kaltem Wasser bedecken, aufkochen und zugedeckt 1 Stunde köcheln lassen; dann auf dem ausgeschalteten Herd noch ½ Stunde quellen lassen. Falls sie zu fest sind, erneut 15–20 Minuten köcheln.

Unterdessen die Frühlingszwiebeln putzen, das Weiße hacken, das Grüne in feine Ringe schneiden. Den Knoblauch schälen und fein hacken. Die Zucchini waschen und fünf Millimeter groß würfeln. Das Weiße der Zwiebeln und den Knoblauch in 1 EL Olivenöl anschwitzen, die Zucchini zugeben und 2 Minuten unter Rühren braten; salzen, pfeffern. Dann beiseitestellen.

Den Safran mit 1 Prise Salz im Mörser zerreiben und mit 1 EL Kochflüssigkeit mischen. Die Zitrone heiß waschen und abtrocknen, 2 TL Schale abreiben, 2 EL Saft auspressen. Die Bohnen abgießen, abtropfen lassen und jetzt salzen.

Den Zitronensaft mit dem Safran, dem Zitronenabrieb, Kardamom, Pfeffer und etwas Salz verrühren. Das restliche Öl unterschlagen und über die warmen Bohnen gießen; 1 Stunde ziehen lassen. Mit den Zucchini mischen und erneut 1 Stunde ziehen lassen. Die Minze und Petersilie waschen, trocken tupfen, hacken und darüberstreuen.

Bohnensalat mit Safran-Kardamom-Vinaigrette

Ein schlichter Bohnensalat wird durch die richtigen Gewürze zur Sensation: Pfeffer und Kreuzkümmel geben Schärfe, Wärme und Tiefe, Kardamom verleiht duftige Frische und Safran veredelt mit honigartigem Aroma und bitter-süßem Geschmack.

Zubereitung: 45 Minuten plus 8–12 Stunden Einweichen plus 1–1 ½ Stunden Kochen plus 2 Stunden Marinieren
Für 4 Personen

Zutaten

200 g weiße Bohnenkerne
1 ½ TL Kreuzkümmel
2 Lorbeerblätter
3–4 Frühlingszwiebeln
1 Knoblauchzehe
200 g Zucchini
5 EL Olivenöl
Salz
frisch gemahlener schwarzer Pfeffer
½ TL Safranfäden
1 unbehandelte Zitrone
5 EL mildes Olivenöl
½–¾ TL frisch gemahlener Kardamom
4 Stiele Minze
1 Bund glatte Petersilie

Pfirsich-Linsen-Salat mit Jakobsmuscheln

Zubereitung: 30–35 Minuten
Für 4 Personen

Zutaten

250 g rote Linsen
Salz
4 reife Pfirsiche
Saft und Abrieb von 1 unbehandelten Orange
1 EL Puderzucker
2 EL Champagneressig
5 EL Olivenöl
Fleur de Sel oder Meersalz
frisch gemahlener schwarzer Pfeffer
1 Bund Basilikum
8 Jakobsmuscheln
Öl zum Braten

Die Linsen in 1 l Salzwasser 6–8 Minuten kochen, das Kochwasser abgießen. Den Backofen auf 220 °C (Oberhitze oder Grill) vorheizen. Die Pfirsiche waschen, halbieren, den Kern entfernen und die Hälften mit der Schnittfläche nach oben auf ein Backblech legen. Mit Orangensaft beträufeln, die Orangenschale darüberstreuen und mit Puderzucker bestreuen. Die Pfirsiche auf der oberen Schiene im Backofen 10–15 Minuten karamellisieren lassen. Den Pfirsichsud mit einem Löffel abschöpfen, die Pfirsiche abkühlen lassen, dann in Scheiben schneiden.

Den Pfirsichsud mit Essig und Olivenöl verrühren, Fleur de Sel und Pfeffer hinzugeben und mit den gekochten Linsen verrühren. Das Basilikum waschen, trocken schütteln. Einige Stiele zum Braten beiseitelegen, die Blätter grob zerreißen. Die zerkleinerten Blätter unter die Linsen rühren und diese nochmals abschmecken.

Die Jakobsmuscheln, falls nötig, »entbarten«, waschen und mit Küchenpapier trocken tupfen. Mit Salz und Pfeffer bestreuen. 1–2 EL Öl in einer Pfanne hoch erhitzen. Die Basilikumstiele sowie die Muscheln darin von beiden Seiten je 1 Minute scharf anbraten. Die Temperatur reduzieren und die Muscheln noch 1–2 Minuten weiterbraten. Mit dem Pfirsich-Linsen-Salat sofort servieren.

Grüner Schlangenbohnensalat mit Schwertfisch

Noch ein Salat, der sicherlich bald zu Ihren Lieblingen zählen wird.

Zubereitung: 30–40 Minuten
Für 4 Personen

Zutaten

Für den Salat

500 g Schlangenbohnen
Salz
4 getrocknete Tomaten
2 Schalotten
2 Zweige Bohnenkraut
20 g frischer Ingwer
1 rote Chilischote
1 TL Senf
3 EL Honigessig
3 EL Traubenkernöl
2 EL Sesamöl
Fleur de Sel oder Meersalz
frisch gemahlener bunter Pfeffer

Für den Schwertfisch

400 g Schwertfisch
Salz
frisch gemahlener schwarzer Pfeffer
Saft und etwas Schale am Stück von ½ unbehandelten Limette
2 EL Sesamöl

Für den Salat die Schlangenbohnen waschen und in etwa 6 cm lange Stücke schneiden. In 1 l Salzwasser 8–10 Minuten blanchieren, abgießen und kurz kalt abbrausen.

Die Tomaten mit kochend heißem Wasser übergießen und 20 Minuten ziehen lassen. Auf ein Sieb gießen, den Sud auffangen und die Tomaten in feine Streifen schneiden.

Die Schalotten schälen und in feine Ringe schneiden. Das Bohnenkraut waschen, trocken schütteln, die Nadeln fein schneiden. Bohnenkraut und Schalotten mit Bohnen und Tomaten mischen.

Für die Marinade den Ingwer schälen, die Chilischote putzen und entkernen. Ingwer und Chili sehr fein hacken. Beides mit Senf, Honigessig, 1 EL des Tomatensuds sowie mit Traubenkern- und Sesamöl mischen. Die Marinade mit Fleur de Sel und buntem Pfeffer abschmecken und über den Schlangenbohnen-Tomaten-Salat geben.

Den Schwertfisch kalt waschen, trocken tupfen, in etwa 1,5 cm große Stücke schneiden und mit Salz, Pfeffer und Limettensaft marinieren. In einer Pfanne das Sesamöl mit 1 Stück Limettenschale erhitzen. Die Fischstücke darin von allen Seiten scharf anbraten. Die Temperatur reduzieren und die Fischstücke 1–2 Minuten weiterbraten. Auf Küchenpapier entfetten, mit Salz und Pfeffer bestreuen und mit dem Schlangenbohnensalat servieren.

Fenchel-Apfel-Salat mit Mohn

Dieser schnelle roh-vegane Salat ist eine wunderbar frische Vorspeise.

Zubereitung: 15 Minuten
Für 4 Personen

Zutaten

2 mittelgroße Fenchelknollen
1 säuerlicher Apfel (etwa Boskop)
4 EL Apfelessig
1 TL Apfeldicksaft
6 EL Mohnöl
Salz
frisch gemahlener weißer Pfeffer
1 EL Blaumohn
15 g gekeimte Cashewkerne
etwas frisch geriebene Muskatnuss

Die Fenchelknollen putzen und das Fenchelgrün zur Dekoration beiseitelegen. Die Knollen halbieren, den Strunk entfernen. Dann die Fenchelhälften quer in hauchdünne Scheiben hobeln.

Den Apfel vierteln und das Kerngehäuse entfernen. Die Apfelviertel in dünne Spalten schneiden. In einer kleinen Schüssel den Apfelessig, Apfeldicksaft und das Mohnöl zu einer Vinaigrette rühren und mit Salz und Pfeffer abschmecken. Den Fenchel, die Apfelspalten, den Mohn sowie die Cashewkerne mit der Vinaigrette mischen.

Den Salat auf vier Tellern anrichten und mit etwas frisch geriebener Muskatnuss bestreuen. Das Fenchelgrün zerkleinern und darüberstreuen.

Variante: Anstelle von Mohnöl Traubenkern- oder Sonnenblumenöl verwenden.

Tipp: Je dünner der Fenchel geschnitten ist, umso feiner ist dieser Salat. Am besten einen Gurkenhobel oder eine Mandoline dafür verwenden.

Cocktailtomaten gefüllt mit würzigem Quinoasalat

Zubereitung: 20 Minuten
Für 4 Personen

Zutaten

20 Cocktailtomaten
30 g gekeimte Quinoa
je ¼ rote und gelbe Paprikaschote
½ Bund glatte Petersilie, Blätter abgezupft
½ Bund Minze, Blätter abgezupft
Saft von 1 unbehandelten Zitrone
5 EL Olivenöl
Salz
frisch gemahlener schwarzer Pfeffer

Am Stielende der Cocktailtomaten einen Deckel abschneiden. Die Unterseite eventuell etwas begradigen, damit die Tomaten von allein stehen. Die Kerne vorsichtig mit einem Parisienne-Ausstecher oder kleinen Löffel herausnehmen und für die Marinade beiseitelegen.

Die gekeimte Quinoa in einem Sieb unter fließendem Wasser gut spülen und abtropfen lassen. Die Samen und Scheidewände der Paprikaschoten entfernen, das Fruchtfleisch in kleine Würfel schneiden. Die Petersilie und Minze fein hacken.

In einem Mixer den Zitronensaft, das Olivenöl und die Tomatenkerne fein pürieren, mit Salz und Pfeffer abschmecken.

Das Dressing mit der Quinoa, den Paprikawürfeln und den gehackten Kräutern mischen. Den Salat in die Tomaten füllen und die Deckel wieder aufsetzen.

Tipp: Die kleinen gefüllten Tomaten sind tolles Fingerfood und lassen sich wunderbar vorbereiten. Der Quinoasalat schmeckt noch besser, wenn er etwas durchziehen kann.

Schon gewusst? Quinoa, auch Inkareis genannt, stammt aus Südamerika und dient den Andenvölkern schon seit Jahrtausenden als Grundnahrungsmittel. In den kleinen Körnern stecken reichlich Mineralstoffe und wertvolles Eiweiß.

Gebratener Gemüsesalat mit Oliven

Dieser warme Salat zaubert in kurzer Zeit die Mittelmeersonne auf den Teller.

Zubereitung: 20 Minuten
Für 4 Personen

Zutaten

1 Bund Frühlingszwiebeln
4 kleine grüne Paprikaschoten
4 Knoblauchzehen
1 Zucchini
1 unbehandelte Zitrone
je ½ Bund Thymian und Rosmarin, Blätter abgezupft
15 g schwarze Oliven, entsteint
6 EL Olivenöl
16 Kirschtomaten
Salz
frisch gemahlener schwarzer Pfeffer

Die Frühlingszwiebeln putzen und in 2 cm lange Stücke schneiden. Die Paprikaschoten vierteln, die Samen und Scheidewände entfernen. Den Knoblauch schälen und halbieren. Die Zucchini putzen und in Scheiben schneiden. Die Zitrone mit der Schale in Scheiben schneiden.

In einer Pfanne die Frühlingszwiebeln, Paprikastücke, den Knoblauch, die Zucchini, Zitronenscheiben, Kräuter sowie die schwarzen Oliven 5 Minuten im Olivenöl anschwitzen. Die Kirschtomaten halbieren, dazugeben und weitere 2 Minuten mitbraten.

Den Salat mit Salz und Pfeffer abschmecken und warm servieren.

Gartensalat mit Quinoa und Hibiskus-Limetten-Dressing

Ein frischer Salat mit angenehmer Säure – was will man mehr?

Zubereitung: 15 Minuten plus 10 Minuten zum Ziehen
Für 4 Personen

Zutaten

200 g Salat (etwa Kopfsalat, Lollo, Feldsalat, Romanasalat, Blutampfer, Rucola)
6 grüne Spargel
1 Karotte
15 g gekeimte Quinoa
Saft und etwas Abrieb von 2 unbehandelten Limetten
1 EL getrocknete Hibiskusblüten
1 EL Apfeldicksaft
6 EL Olivenöl
Salz
frisch gemahlener schwarzer Pfeffer

Den Salat putzen und waschen. Die Salatblätter in eine große Schüssel geben. Die unteren ⅔ des grünen Spargels schälen. Die Karotte putzen und waschen. Den Spargel und die Karotte der Länge nach mit einem Sparschäler in dünne Scheiben schneiden. Zu den Salatblättern geben.

Die Quinoa in einem Sieb unter fließendem Wasser gut spülen und abtropfen lassen.

Aus Quinoa, Limettensaft und -abrieb, Hibiskusblüten, Apfeldicksaft und Olivenöl ein Dressing rühren, mit wenig Salz und Pfeffer abschmecken. Das Dressing 10 Minuten ziehen lassen.

Den Salat mit dem Dressing locker mischen und sofort servieren.

Variante Außerhalb der Saison des grünen Spargels lässt sich dieser Salat ebenso schmackhaft alternativ mit 1 jungen Zucchini zubereiten.

Tipp Getrocknete Hibiskusblüten geben dem Dressing eine schöne rote Farbe und in Kombination mit Limette eine angenehme Säure. Das Dressing, wie Tee, einige Minuten ziehen lassen.

Caesarsalat mit Mandeldressing

Zubereitung: 15 Minuten
Für 4 Personen

Zutaten

1 großer Kopf Romanasalat
10 g sonnengetrocknete Tomaten
½ Bund Frühlingszwiebeln, das Grüne
1 EL Kapern
2 EL Mandeln, geschält und eingeweicht
1 Bund Basilikum, Blätter abgezupft

Für das Dressing

½ Knoblauchzehe
Saft und etwas Abrieb von
1 unbehandelten Zitrone
Saft von 1 unbehandelten-Orange
1 EL Mandelmus
2 EL weißer Balsam- oder Apfelessig
2 TL Apfeldicksaft
1 TL Dijonsenf
4 EL Olivenöl
Salz
frisch gemahlener schwarzer Pfeffer

Die Salatblätter waschen, trocken schütteln und in kleine Stücke zupfen. In eine Salatschüssel geben. Die getrockneten Tomaten in Streifen, das Grün der Frühlingszwiebeln in Ringe schneiden. Gemeinsam mit den Kapern, ganzen Mandeln und Basilikumblättern zum Salat geben.

Für das Dressing den Knoblauch schälen, den Keim entfernen und den Knoblauch zerdrücken. In einem Mixer den Knoblauch, Zitronensaft und -abrieb, Orangensaft, das Mandelmus, den Balsamessig, Apfeldicksaft, Senf sowie das Olivenöl glatt pürieren. Mit Salz und Pfeffer abschmecken. Das Mandeldressing über den Salat gießen. Den Caesarsalat locker mischen und sofort servieren.

Tipp: Das Mandeldressing schmeckt auch hervorragend zu allen anderen Salaten sowie zu rohem oder gekochtem Gemüse. Es hält sich gut verschlossen einige Tage im Kühlschrank und kann gut auf Vorrat hergestellt werden.

Avocado-Rettich-Carpaccio mit Kapuzinerkressesalat

Carpaccio – einmal ganz anders ...

Zubereitung: 15 Minuten
Für 4 Personen

Zutaten

200 g Winterrettich
200 g Avocado
je 12 kleine Kapuzinerkresseblätter und -blüten
32 grüne Kapuzinerkressesamen
12 Tripmadamspitzen oder Portulakrosetten
3 Zweige Schnittsellerie, Blätter abgezupft
4 EL Apfelessig
1 TL Apfeldicksaft
6 EL Leindotteröl
Salz
frisch gemahlener schwarzer Pfeffer

Den Rettich waschen und mit Schale in hauchdünne Scheiben schneiden. Die Scheiben auf länglichen Tellern anordnen. Die Avocado schälen, halbieren, den Stein entfernen und das Fruchtfleisch hauchdünn schneiden. Die Avocadoscheiben auf den Rettichscheiben anordnen.

Die Kapuzinerkresseblätter und -blüten darauf anrichten. Die Kapuzinerkressesamen halbieren und gemeinsam mit der Tripmadam und dem Schnittsellerie über das Carpaccio streuen.

Aus Apfelessig, Apfeldicksaft, Leindotteröl, Salz und Pfeffer eine Vinaigrette rühren und darüberträufeln. Das Gericht sofort servieren.

Tipp: Für dieses Gericht können Sie auch Würzkräuter wie Basilikum, Liebstöckel, Majoran, Dill oder Schnittlauch verwenden, falls Sie die hier angegebenen Zutaten nicht zur Hand haben. Tripmadam ist auch unter dem Namen Felsenfetthenne bekannt und hat einen leicht säuerlichen Geschmack. Ebenso, aber in geringerem Maße, Portulak, der dazu noch einen hohen Anteil an Vitamin C und Omega-3-Fettsäuren aufweisen kann.

Roh marinierter Süßkartoffelsalat

Zitronengras und frischer Koriander verleihen dem Salat eine asiatische Note.

Zubereitung: 55 Minuten
Für 4 Personen, siehe Bild rechts

Zutaten

500 g junge, saftige Süßkartoffeln
2 Stängel Zitronengras
1–2 große rote Chilischoten
1 großer Bund frischer Koriander
4 EL Limettensaft
½ TL Salz
1 TL Zucker
1 EL geröstetes Sesamöl
3 EL Pflanzenö

Die Süßkartoffeln schälen und mit dem Sparschäler längs in feine Streifen hobeln. Das Zitronengras von den äußeren harten Blättern befreien, das weiche untere Drittel in sehr feine Scheiben schneiden. Die Chilischote(n) in feine Scheiben schneiden und 10 Minuten in kaltem Wasser einlegen. Den Koriander waschen und trocken schütteln, die Blätter abzupfen.

Aus dem Limettensaft, Salz, Zucker und den beiden Ölen ein Dressing rühren. Die Chiliringe trocken tupfen und mit den übrigen Zutaten unterheben. Den Salat 30 Minuten bei Zimmertemperatur durchziehen lassen.

Tipp: Im Wasser lösen sich die Kerne, in denen ein Großteil der Schärfe steckt, aus den Chilischoten.

Scharfer Kohlrabisalat

Der knackige Salat ist ein besonderer Genuss für alle Fans der Thai-Küche.

Zubereitung: 25 Minuten
Für 4 Personen

Zutaten

2 junge Kohlrabi (je etwa 300 g)
100 g kleine Kirschtomaten
2 Knoblauchzehen
2–3 kleine rote Chilischoten
4 EL geröstete, gesalzene Erdnüsse
3 EL Fischsauce
5 EL Limettensaft
1 EL Palmzucker (aus dem Asialaden, ersatzweise brauner Zucker)

Die Kohlrabi schälen und grob raspeln. Die Kirschtomaten waschen und klein schneiden. Den Knoblauch schälen und den Keim entfernen. Die Chilischoten waschen, den Stielansatz entfernen und die Chilischoten samt den Kernen klein schneiden.

Den Knoblauch und Chili im Mörser fein zerstoßen. Auch die Erdnüsse darin grob zerstoßen. Die Fischsauce, den Limettensaft und Palmzucker untermengen. Nach und nach die Kohlrabiraspel und Tomaten dazugeben. Leicht stampfend alles vermischen.

Tipp: Die Erdnüsse gemeinsam mit dem Knoblauch und den Chilischoten alternativ im Blitzhacker zerkleinern. Die restlichen Zutaten 2–3 Minuten mit den Händen hineinkneten.

Blattsalat mit Knollenziest und Tomaten-Dressing

Eine schnelle, aber doch extravagante Vorspeise.

Zubereitung: 25 Minuten
Für 2 Personen

Zutaten

120 g Kleinblattsalatmischung
1 Strauchtomate
1 Schalotte
2 EL Rotweinessig
Salz
Zucker
frisch gemahlener schwarzer Pfeffer
5 EL mildes Olivenöl
150 g Knollenziest

Den Salat waschen und in einem Sieb abtropfen lassen. Die Tomate überbrühen, enthäuten, die Samen entfernen und die Tomaten fein würfeln. Die Schalotte schälen und sehr fein würfeln. Den Essig mit 1 kräftigen Prise Salz, 1 kleinen Prise Zucker und 1 Prise Pfeffer verrühren und 3 EL Öl unterschlagen. Tomaten- und Schalottenwürfel untermischen.

Den Knollenziest gründlich waschen und abtrocknen. Das restliche Öl in einer Pfanne erhitzen. Die Knollen mit ½ TL Zucker und 1 kräftigen Prise Salz dazugeben. Bei mittlerer Hitze 3–4 Minuten durchschwenken. Lauwarm abkühlen lassen.

Den Salat auf zwei Tellern, darüber den Knollenziest anrichten und das Tomatendressing darüberträufeln.

Tipp: Knollenziest wird auch Japanische Kartoffel oder Crosnes (du Japon) genannt. Er hat Saison zwischen Oktober und Januar – die kleinen, mehrfach gerillten Knöllchen geben ein wunderbar nussig-süßliches Aroma.

Filoteigpäckchen mit warmem Linsen-Zitronen-Salat

Mit einer saftigen Füllung aus Linsen, Fetakäse, Kräutern und Zitrone!

Zubereitung: 45–55 Minuten
Ergibt 16 Päckchen

Zutaten

150 g gelbe Linsen | Salz
16 Blätter Filoteig (à 15 × 30 cm)
1 rote Paprikaschote
2 Frühlingszwiebeln | 2 Knoblauchzehen
½ Bund glatte Petersilie
2 Zweige Thymian
100 g Frischkäse | 150 g Fetakäse
Saft von ½ Zitrone
2 TL Olivenöl | 1 Msp. Paprikapulver
frisch gemahlener schwarzer Pfeffer
1 Ei

Für die Füllung die Linsen in 1 l Salzwasser 6–8 Minuten kochen. Abseihen und abtropfen lassen. Die Paprikaschote putzen, waschen und würfeln. Die Frühlingszwiebeln putzen, waschen und in Ringe schneiden. Den Knoblauch schälen und würfeln. Die Kräuter waschen, trocken schütteln, die Blätter in Streifen schneiden. Gemüse und Kräuter mit den Linsen, dem Frischkäse und Feta vermengen. Mit Zitronensaft, Öl, Salz, Paprikapulver und Pfeffer abschmecken.

Den Backofen auf 200 °C (Ober-/Unterhitze) vorheizen. Die Teigblätter auf die Arbeitsfläche legen. Das Ei mit 1 Prise Salz verquirlen, jedes Teigblatt damit einstreichen. Auf das untere Drittel je 1–2 EL Füllung geben, die Teigränder zur Mitte hin umschlagen und den Teig von unten zu einer Rolle aufwickeln.

Die Rollen auf ein mit Backpapier belegtes Backblech legen, mit dem restlichen Ei bestreichen und im Backofen in 25–30 Minuten goldbraun backen.

Oktopussalat mit Zitronendressing

Mit dieser mediterranen Vorspeise machen Sie Meeresfrüchtefans glücklich.

Zubereitung: 1 Stunde plus Ziehen lassen 1 Stunde
Für 4 Personen

Zutaten

Für den Salat

1 küchenfertiger Oktopus (etwa 600 g, frisch oder tiefgekühlt und aufgetaut)
1 Lorbeerblatt
frisch gemahlener schwarzer Pfeffer
1 EL Pistazienkerne

Für das Dressing

2 Knoblauchzehen
4 EL Zitronenöl
Meersalz

Den Oktopus waschen. In einem großen Topf Wasser aufkochen, das Lorbeerblatt und reichlich frisch gemahlenen Pfeffer hinzufugen. Den Oktopus mit den Tentakeln voran ins kochende Wasser halten, bis sie sich einrollen. Dann ganz untertauchen und zugedeckt etwa 30 Minuten kochen lassen, bis der Oktopus weich ist. Herausnehmen und abkühlen lassen.

Für das Dressing den Knoblauch schälen und sehr fein hacken. Mit dem Öl verrühren. Vier kleine Teller mit etwas Knoblauch-Zitronenöl einpinseln.

Den Oktopus (am besten mit der Aufschnittmaschine) schräg in etwa 3 mm dünne Scheiben schneiden und auf den Tellern anrichten. Etwas Meersalz darüberstreuen und das restliche Knoblauch-Zitronenöl darüberträufeln.

Den Salat mit Frischhaltefolie abdecken und 1 Stunde kalt stellen.

Zum Servieren die Pistazien hacken und über den angerichteten Oktopussalat streuen. Dazu schmeckt knuspriges Weißbrot.

SCHON GEWUSST? Salz im Kochwasser macht den Tintenfisch hart, geben Sie aus diesem Grunde nur Lorbeer und Pfeffer hinzu.

TIPP: Wenn Sie eine Aufschnittmaschine benutzen, reinigen Sie diese sofort nach Gebrauch gründlich mit Seifenlauge und reiben Sie mit Zitronensaft nach – das vertreibt den Fischgeruch!

Grüner Salat aus Schnippelbohnen und Erbsen

Zubereitung: etwa 1 Stunde
Für 4 Personen

Zutaten

Für den Salat

400 g Schnippelbohnen
Salz
200 g gepalte, frische Erbsen, ersatzweise TK
200 g Zuckerschoten
2 Zweige Estragon
100 g gemischte Blattsalate

Für das Dressing

10 EL Olivenöl
6 EL heller Balsamessig
2 TL Dijonsenf
Salz
frisch gemahlener schwarzer Pfeffer
1 TL Zucker

Für die Brotchips

1 Baguettebrötchen vom Vortag
2 EL Olivenöl
grobes Meersalz oder Fleur de Sel

Die Bohnen waschen und putzen, in 1,5 l kochendem Salzwasser 8–10 Minuten blanchieren, herausnehmen und auf Küchenpapier abkühlen lassen. Das Wasser nochmals aufkochen. Die Erbsen und Zuckerschoten darin 4–5 Minuten blanchieren, abkühlen lassen.

Den Estragon waschen, trocken schütteln, die Blätter schneiden. Die Blattsalate waschen, trocken schleudern und zupfen. Für das Dressing Öl, Balsamessig und Senf verquirlen. Mit Salz, Pfeffer und Zucker abschmecken. Die Schnippelbohnen, Erbsen, Zuckerschoten und den Estragon in einer Schüssel mit dem Dressing mischen.

Den Backofen auf 180 °C vorheizen. Das Brötchen in dünne Scheiben schneiden, diese nebeneinander auf ein mit Backpapier ausgelegtes Backblech legen. Die Baguettescheiben mit einigen Spritzern Öl beträufeln und mit Meersalz bestreuen. Auf der mittleren Schiene im Backofen in 15–20 Minuten goldbraun rösten. Die marinierten Bohnen und Erbsen mit den Blattsalaten verrühren und nochmals abschmecken. Mit den Brotchips bestreut servieren.

Tipp: Sollten Sie mal einen Fleischliebhaber zu Gast haben, servieren Sie gerösteten Speck dazu: Den Backofen auf 180 °C (Ober-/Unterhitze) vorheizen. Die Speckscheiben nebeneinander auf ein mit Backpapier ausgelegtes Backblech legen und im Backofen in 15–20 Minuten goldbraun rösten. Auf Küchenpapier entfetten und zum Salat servieren.

Suppen

Als Zwischenmahlzeit, kleine Vorspeise, Seelenwärmer oder als opulenter Hauptgang bereichern Suppen jeden Tisch. Entdecken Sie die Vielfalt der Suppenwelt! Beginnen Sie gleich einfach mit einem Kartoffel-Bärlauch-»Cappuccino« (Bild links, Rezept siehe folgende Seite).

Kartoffel-Bärlauch-»Cappuccino« mit Muskatmilchschaum

Das kräuterwürzige Kartoffelsüppchen macht auch optisch was her – perfekt für Gäste.

Zubereitung: 30 Minuten
Für 4 Personen, siehe Bild S. 64

Zutaten

400 g mehligkochende Kartoffeln
700 ml Gemüsebrühe
1 Bund Bärlauch I 4 EL Olivenöl
2 EL Zitronensaft I Salz
frisch gemahlener schwarzer Pfeffer
150 ml Milch (1,5 % Fettgehalt)
frisch geriebene Muskatnuss

Die Kartoffeln schälen und grob würfeln. In einem Topf gemeinsam mit der Brühe aufkochen, dann die Kartoffeln 15 Minuten zugedeckt bei mittlerer Hitze weich kochen.

Unterdessen den Bärlauch waschen, die groben Stiele entfernen und die Blätter klein schneiden. Bärlauch, Olivenöl und Zitronensaft im Mixer fein pürieren, die Paste mit Salz und Pfeffer abschmecken.

Die Milch erhitzen und aufschäumen. Die Kartoffeln mit dem Kartoffelstampfer zerdrücken, die Bärlauchpaste unterrühren. Die Suppe aufkochen lassen, mit Salz und Pfeffer abschmecken. Dann in vier Suppenschalen füllen, mit einem Milchschaumhäubchen bekrönen und jeweils etwas Muskatnuss darüberreiben.

Variante: Außerhalb der kurzen Bärlauchsaison im Frühling alternativ 1 großen Bund Rucola und 1 Knoblauchzehe verwenden. Da Rucola beim Erhitzen bitter werden kann, die Paste erst kurz vor dem Servieren unterrühren, dann nicht mehr aufkochen.

Steckrübenminestrone

Mit Steckrüben wird dieser italienische Klassiker zur deftigen Mahlzeit.

Zubereitung: 45 Minuten
Für 4 Personen, siehe Bild rechts

Zutaten

350 g Steckrüben I 2 Karotten
1 Zwiebel I 2 EL Olivenöl
1 EL Tomatenmark I 800 ml Gemüsebrühe
2 kleine Zucchini (etwa 200 g)
1–2 Knoblauchzehen
1 Stück Parmesan (etwa 40 g)
Salz I frisch gemahlener schwarzer Pfeffer

Die Steckrüben schälen, in 1 cm große Würfel schneiden. Die Karotten schälen und schräg in Scheiben schneiden. Die Zwiebel schälen, grob hacken.

Das Öl in einem Topf erhitzen. Die Zwiebel und das Tomatenmark darin 1 Minute unter Rühren anbraten. Die Steckrübenwürfel sowie die Karottenscheiben hinzufügen und 2 Minuten braten. Mit der Brühe ablöschen, aufkochen und 10 Minuten zugedeckt bei mittlerer Hitze kochen lassen.

Unterdessen die Zucchini waschen, längs halbieren und in Halbmonde schneiden. Den Knoblauch schälen und fein hacken. Beides zur Suppe geben und diese weitere 10 Minuten kochen lassen.

Den Parmesan in Späne hobeln. Die Minestrone mit Salz und Pfeffer abschmecken und auf Suppenschalen verteilen. Mit Parmesan bestreut servieren.

Kartoffel-Pilz-Suppe

Zubereitung: 25 Minuten I Für 4 Personen

Zutaten

400 g mehligkochende Kartoffeln
3 Zweige frischer Thymian
700 ml Gemüsebrühe
100 g Sahne
250 g Steinpilze
1 EL Butterschmalz
Salz
frisch gemahlener schwarzer Pfeffer
2 EL gehackte Petersilie

- Die Kartoffeln schälen und würfeln, den Thymian waschen. In einem Topf beides gemeinsam mit der Brühe und Sahne 15 Minuten kochen lassen, dann den Thymian entfernen.

- Die Pilze putzen und in Scheiben schneiden. Im Butterschmalz braten; salzen und pfeffern. Alles mit dem Kartoffelstampfer zerdrücken, die Pilze unterrühren und die Petersilie aufstreuen.

Pink-Potato-Soup

Zubereitung: 50 Minuten I Für 4 Personen

Zutaten

2 rote Zwiebeln I 300 g mehligkochende Kartoffeln
2 EL Olivenöl I 700 ml Gemüse- oder Geflügelbrühe
200 g Rote Bete (vorgegart, vakuumverpackt)
Vanillesalz I Vanillepfeffer
frisch geriebene Muskatnuss
2–3 TL Hibiskuspulver
100 g Crème fraîche
1 Kästchen rote Shiso-Kresse

- Zwiebeln und Kartoffeln schälen, fein würfeln. Die Zwiebeln im Öl glasig schwitzen, dann mit der Brühe ablöschen. Aufkochen lassen, die Kartoffeln darin weich kochen. Die Rote Bete würfeln und dazugeben.

- Die Suppe mit dem Stabmixer fein pürieren und mit Vanillesalz, Vanillepfeffer, Muskatnuss und Hibiskuspulver herb und fein-säuerlich abschmecken.

- Die Suppe in Tassen schöpfen, in jede Portion etwas Crème fraîche spiralförmig einrühren, mit etwas Muskatnuss und Vanillepfeffer bestreuen und mit Shiso-Kresse garnieren.

Kartoffel-Linsen-Suppe

Zubereitung: 25 Minuten | Für 4 Personen

Zutaten

400 g mehligkochende Kartoffeln
600 ml Gemüsebrühe
200 g Sahne
1 Bund Suppengrün
60 g rote Linsen
1 EL Pflanzenöl
Salz
Chilipulver

- Die Kartoffeln schälen und würfeln. In einem Topf gemeinsam mit der Brühe und Sahne 15 Minuten weich garen.
- Das Suppengrün putzen, waschen und fein würfeln. Mit den Linsen 2 Minuten im Öl anbraten, mit 150 Milliliter Wasser ablöschen, etwa 10 Minuten garen und mit Salz und Chilipulver abschmecken.
- Die Kartoffeln mit dem Kartoffelstampfer zerdrücken, die Suppe in vier Schalen schöpfen und mit der Linsenmischung garnieren.

Curry-Kartoffelsuppe

Zubereitung: 25 Minuten | Für 4 Personen

Zutaten

400 g mehligkochende Kartoffeln
1 Zwiebel
1 Stück frischer Ingwer (etwa 3 cm)
1 säuerlicher Apfel (etwa Boskop)
1 EL Currypulver
1 EL Butterschmalz
800 ml Gemüsebrühe
Salz
Cayennepfeffer

- Die Kartoffeln schälen und würfeln. Die Zwiebel und den Ingwer schälen und hacken. Den Apfel schälen, das Kerngehäuse entfernen, den Apfel würfeln.
- Zwiebel, Ingwer und Currypulver im Butterschmalz anbraten. Die Kartoffel- und Apfelwürfel sowie die Brühe dazugeben, gemeinsam 15 Minuten kochen lassen. Alles mit dem Kartoffelstampfer zerdrücken, mit Salz und Cayennepfeffer abschmecken.

Baskischer Kartoffel-Thunfisch-Topf

... von der kantabrischen Küste, wo der Thunfisch aus dem Atlantik angelandet wird.

Zubereitung: 50 Minuten
Für 4 Personen

Zutaten

2 Zwiebeln
3 Knoblauchzehen
je 1 rote und gelbe Paprikaschote
800 g vorwiegend festkochende Kartoffeln
4 EL Olivenöl
Salz
250 ml trockener Weißwein
400 ml Fischfond (aus dem Glas)
1 Lorbeerblatt
600 g Thunfischfilet
2 Scheiben altbackenes Weißbrot (etwa 60 g)
2 geröstete rote Paprikaschoten in Öl, abgetropft
Cayennepfeffer

Die Zwiebeln sowie 2 der Knoblauchzehen schälen und fein hacken. Die rote und gelbe Paprikaschote waschen, die Samen und Scheidewände entfernen und in mundgerechte Stücke schneiden. Die Kartoffeln schälen und mittelgroß würfeln.

In einem Topf das Öl erhitzen. Die Zwiebeln, den gehackten Knoblauch und die Paprikastücke darin 3–4 Minuten bei mittlerer Hitze anbraten. Die Kartoffelwürfel hinzufügen, salzen und alles weitere 3–4 Minuten unter Rühren braten. Mit Weißwein und Fischfond ablöschen und das Lorbeerblatt hinzufügen. Die Suppe aufkochen, dann 8 Minuten zugedeckt kochen lassen.

Den Thunfisch kalt abwaschen, trocken tupfen und in 2 cm große Würfel schneiden. Den restlichen Knoblauch schälen. Das Brot entrinden und in Stücke zupfen. Knoblauch, Brot, abgetropfte Paprikaschoten und je 1 kräftige Prise Salz und Cayennepfeffer im Blitzhacker zu einer feinen Paste verarbeiten.

Die Paprikapaste in die Suppe geben und unterrühren. Den Thunfisch hinzufügen und zugedeckt in 10 Minuten bei schwacher Hitze gar ziehen lassen. Den Eintopf vor dem Servieren mit Salz und Cayennepfeffer abschmecken.

Die Orange heiß waschen und abtrocknen, 2 TL Schale fein abreiben, den Saft auspressen und mit dem anderen Orangensaft auf 400 ml auffüllen. Den Kürbis waschen, halbieren und die Fasern und die Kerne entfernen. Je nach Sorte schälen (siehe Tipp), etwa 600 g abwiegen und zerkleinern.

Die Schalotten schälen, fein hacken und in der Butter kurz anschwitzen, mit 1 TL Szechuanpfeffer bestauben, die Kürbisstücke dazugeben und unter Rühren anschwitzen. Mit Brühe und Orangensaft ablöschen. Zugedeckt 20–25 Minuten köcheln lassen, bis der Kürbis weich ist.

Unterdessen den Ingwer schälen und in dünne Scheiben hobeln. Mit 200 ml Milch aufkochen, vom Herd nehmen und ziehen lassen.

Die Suppe mit dem Stabmixer pürieren, nach Belieben durch ein Sieb streichen. Mit der restlichen Milch bis zur gewünschten Konsistenz auffüllen. Mit Salz, Orangenabrieb, Szechuan- und Cayennepfeffer pikant abschmecken und in vier Schalen schöpfen.

Die lauwarme Ingwermilch durch ein Sieb gießen, leicht salzen, aufschäumen und auf die Suppe löffeln. Mit Szechuanpfeffer bestreuen und servieren.

Tipp: Der häufig erhältliche Hokkaidokürbis lässt sich auch mit Schale verzehren. So lässt sich ein Arbeitsgang sparen.

Kürbis-Orangen-Suppe mit Ingwer-Milchschaum

Szechuanpfeffer dominiert den Geschmack in dieser fruchtigen Suppe, Ingwer verleiht dem Milchschaum eine überraschend kräftige Schärfe. Die aromatische Orangenschale wird erst zum Schluss zugegeben, während der Saft einen Teil der Brühe ersetzt.

Zubereitung: 45 Minuten
Für 4 Personen

Zutaten

1 unbehandelte Orange
etwa 300 ml Orangensaft
1 kleiner Kürbis (etwa 1 kg, etwa Hokkaido)
80 g Schalotten
30 g Butter
2–3 TL frisch gemahlener, gesiebter Szechuanpfeffer
200 ml Gemüsebrühe
25 g Ingwer
etwa 400 ml Vollmilch
Salz
Cayennepfeffer

Sellerie-Kartoffel-Suppe mit Apfel-Topping

Zubereitung: 45 Minuten
Für 4 Personen

Zutaten

500 ml Gemüsebrühe
400 ml Apfelsaft
500 g Knollensellerie
400 g mehligkochende Kartoffeln
2 Schalotten
1 großer Apfel
2 EL Olivenöl
30 g Cashewnüsse
Salz
1 TL brauner Zucker
½–1 TL frisch gemahlener Piment
200 ml Vollmilch
100 g Sahne
1–1 ½ TL frisch gemahlene Paradieskörner
1 TL Schwarzkümmelöl

Die Brühe mit dem Saft mischen. Den Sellerie schälen, waschen, in 3 cm große Stücke schneiden und sofort in die Brühe geben, damit er sich nicht verfärbt. Die Kartoffeln schälen, waschen, würfeln (Kantenlänge 2 cm) und zu dem Sellerie geben. Beides zugedeckt in etwa 20 Minuten weich kochen.

Unterdessen die Schalotten und den Apfel schälen und sehr klein würfeln. Die Schalotten im Öl unter Rühren glasig schwitzen. Die Apfelwürfel zugeben, unter Rühren weich braten. Die Cashewnüsse grob hacken, ebenfalls hinzugeben und unter Rühren anbraten. Mit Salz, Zucker und Piment abschmecken.

Die Suppe mit dem Stabmixer fein pürieren, dabei Milch und Sahne zugeben und erhitzen, aber nicht kochen. Eventuell noch etwas Brühe zugeben. Mit Salz und Paradieskörnern kräftig abschmecken.

Die Suppe in vorgewärmte Teller schöpfen, mit dem Apfel-Topping krönen und etwas Schwarzkümmelöl darauf tropfen (am besten eine Pipette verwenden).

Steinpilz-Kartoffelsuppe mit Würzöl

Zubereitung: 1 Stunde 30 Minuten
Für 4 Personen

Zutaten

1 Bourbon-Vanilleschote
1 EL Kakaobohnensplitter, zerstoßen und einige mehr zum Bestreuen
80 ml Rapsöl, plus 2 EL Rapsöl
1 TL Wattleseed
60 ml Walnussöl
30 g getrocknete Steinpilze
60 g Schalotten
1 Bund Suppengrün
500 g mehligkochende Kartoffeln
2 TL brauner Zucker
800 ml Gemüsebrühe oder Pilzfond
Salz
frisch gemahlener schwarzer Pfeffer
4 EL Crème fraîche

Die Vanilleschote auskratzen, die Schote klein schneiden. In einem Topf 80 ml Rapsöl mit Vanillemark sowie -schote, Kakaobohnen und Wattleseed (auf etwa 70 °C) erhitzen, bis Bläschen aufsteigen. Dann sanft bei kleinster Temperatur 30 Minuten ziehen lassen. Abkühlen, abseihen und mit dem Walnussöl vermischen. Hält sich im Glas und gut gekühlt mehrere Wochen.

Die Pilze unter fließendem Wasser säubern. Mit 300 ml kochendem Wasser übergießen, dann 20 Minuten einweichen. Die Schalotten schälen und würfeln. Das Gemüse und die Kartoffeln putzen, würfeln. Vom Lauch nur das Weiße verwenden und in Scheiben schneiden. Die eingeweichten Pilze durch ein Haarsieb gießen, ausdrücken und klein schneiden. Dabei die Flüssigkeit auffangen.

Die Schalotten im Öl glasig schwitzen. Das Suppengrün und die Pilze unter Rühren 3 Minuten mitbraten. Den Zucker darin in 2 Minuten etwas karamellisieren lassen. Mit Brühe oder Fond und Pilzflüssigkeit ablöschen, aufkochen und zugedeckt 5 Minuten köcheln lassen. Die Kartoffeln dazugeben.

Die Suppe 20 Minuten zugedeckt kochen, bis Kartoffeln und Gemüse gar sind, dann mit dem Stabmixer fein pürieren, eventuell noch Brühe zugeben; salzen und pfeffern. Auf jede Portion ein paar Kleckse Crème fraîche setzen, mit Kakaosplittern bestreuen und etwas Würzöl darauftäufeln, servieren.

Tipp: Um Szechuanpfeffer frisch zu mahlen, zuvor die Kapseln verlesen und Dornen, Stielreste und möglichst viele der schwarzen bitteren Samen entfernen. In der Mühle oder im Blitzhacker so fein wie möglich mahlen. Das Ergebnis ist kein feines Pulver, sondern enthält noch spelzige Teile. Für feine Speisen am besten noch mal durchsieben.

Karottencreme mit Arganöl und Gewürzstaub

Diese süßliche, milde Suppe bekommt zunächst nur einen Hauch von herbem Kreuzkümmel und süßlich-herbem Zimt. Mit Arganöl aufgeschäumt erhält sie eine edle Note – fast wie in 1001 Nacht …

Zubereitung: 1 Stunde
Für 4 Personen

Zutaten

120 g Schalotten
500 g Karotten
2 EL Rapsöl
2 TL brauner Zucker
2 TL frisch gemahlener Kreuzkümmel
1 TL gemahlener Ceylonzimt
500 ml Biokarottensaft
500 ml Gemüsebrühe
1 EL Rosenblütenblätter
frisch gemahlener schwarzer Pfeffer
300 ml Vollmilch
Salz
Saft und Abrieb von 1 unbehandelte Zitrone
1 Msp. Cayennepfeffer
2 EL Arganöl, ersatzweise Mandelöl
4 EL Sahne

Die Schalotten schälen und hacken. Die Karotten schälen und klein schneiden. In einem Topf das Rapsöl erhitzen und die Schalotten darin glasig anschwitzen, die Karotten dazugeben und unter Rühren 3 Minuten sanft braten. Mit Zucker bestreuen und weiterrühren, bis er leicht karamellisiert ist.

1 TL Kreuzkümmel und ½ TL Zimt darüberstauben, alles gut mischen und mit Karottensaft und Brühe ablöschen. Aufkochen und zugedeckt 20–25 Minuten garen, bis die Karotten weich sind.

Während die Suppe kocht, den Gewürzstaub herstellen. Dafür die Rosenblütenblätter, ½ TL Pfeffer sowie den restlichen Kreuzkümmel und Zimt im Blitzhacker kurz pulverisieren.

Die Suppe unter Zugabe der Milch sehr fein pürieren und dann mit Pfeffer, Salz, Zitronenabrieb und -saft sowie etwas Cayennepfeffer abschmecken.

Das Arganöl über die Suppe träufeln und diese mit dem Stabmixer kräftig aufschäumen. In vier Schälchen schöpfen, pro Portion 1 EL Sahne in Tropfen darauf verteilen und mit dem Gewürzstaub bestauben.

Tipp: Sie benötigen für dieses Gericht nicht die ganze Menge des Gewürzstaubs; die Mischung passt auch gut auf Reisgerichte.

Hummersuppe mit weißer Schokolade und Scampi

Edler Hummer und edle Safranschokolade – eine zauberhafte Verbindung.

Zubereitung: 2 Stunden 35 Minuten
Für 6 Personen

Zutaten

2 kleine Hummer (TK-Ware)
4 Scampi
Pflanzenöl zum Braten
80 g Knollensellerie
80 g Karotten
80 g Zwiebeln
½ scharfe Chilischote
1 EL Tomatenmark
1 Prise brauner Zucker
1 Lorbeerblatt
2 Gewürznelken
5 weiße Pfefferkörner
1 l Sahne
1 EL Hummerpaste
20 g Butterschmalz
80 ml Cognac
80 ml Noilly Prat (oder ein anderer Wermut)
80 ml weißer Portwein
Salz
Pfeffer, frisch gemahlen
60 g weiße Schokolade mit Safran, gehackt
(ersatzweise 60 g weiße Schokolade und
4 Safranfäden)
2 EL Pernod

Die Hummer über Nacht im Kühlschrank auftauen lassen. Das Fleisch aus dem Schwanz und den Scheren auslösen und klein schneiden. Die Karkassen aufbewahren. Ebenso die Scampi bis auf den Schwanz schälen und die Karkassen aufbewahren.

Etwas Öl in einem Schmortopf erhitzen. Sämtliche Karkassen kräftig darin anbraten. Das Gemüse schälen und würfeln. Dann gemeinsam mit der Chilischote kräftig anbraten. Das Tomatenmark und den Zucker dazugeben und karamellisieren lassen. Alles mit 1 ½ l Wasser ablöschen. Dann Lorbeer, Gewürznelken sowie Pfefferkörner hinzufügen. Den Fond unbedeckt bei schwacher Hitze auf rund 700 ml einkochen lassen. Unterdessen etwa 100 ml Sahne steif schlagen und kühl stellen.

Den eingekochten Hummerfond durch ein Sieb in einen zweiten Topf gießen und gemeinsam mit der restlichen Sahne erhitzen. Die Hummerpaste hinzufügen und alles leicht köcheln lassen.

In einer Pfanne das Butterschmalz auf mittlerer Hitze erwärmen, das Hummerfleisch darin kurz durchschwenken. Mit dem Cognac ablöschen und diesen anzünden. Den Wermut und den Portwein hinzugießen und kräftig aufkochen lassen. Den Pfanneninhalt in die Suppe geben und diese mit Salz und Pfeffer abschmecken. Die Temperatur herunterregeln, unter die Suppe 40 g Schokolade mit Safran unterziehen. Die Suppe nicht mehr kochen lassen.

Nun die Scampi mit etwas Öl in der Pfanne beidseitig kurz anbraten. Vom Herd nehmen, die Scampi mit dem Rest der Schokolade glasieren und mit dem Pernod abschmecken.

Die Suppe in Teller schöpfen, mit der geschlagenen Sahne und den Scampi garnieren und sofort servieren. Nach Belieben mit etwas gemörsertem Safran bestreuen. Dazu schmeckt geröstetes Weißbrot.

Pikante Asia-Bouillon mit Garnelen

Diese Bouillon verleiht Kokoswasser eine besonders exotische Note und feine Süße, die mit Limettensaft harmonisch ausgeglichen wird. Ingwer gibt der Brühe eine feine Grundschärfe, während die Chilischote für frisch-scharfen Biss sorgt.

Zubereitung: 30 Minuten
Für 4 Personen

Zutaten

800 ml Fischfond
400 ml Kokoswasser
40 g Ingwer
5–6 Kaffirlimettenblätter
1 Bund frischer Koriander
1 rote Chilischote
2 Frühlingszwiebeln
Salz
1–2 EL Limettensaft
1–2 TL Fischsauce
300 g rohe Garnelen, küchenfertig

- Fischfond und Kokoswasser in einen Topf geben. Den Ingwer schälen und in dünne Scheiben hobeln. Die Limettenblätter seitlich mehrfach einschneiden, damit sie mehr Aroma abgeben. Ingwer und Limettenblätter in den Fond geben, diesen aufkochen und zugedeckt 15 Minuten köcheln lassen.

- Unterdessen den Koriander waschen und trocken schütteln, die Blättchen abzupfen. Die Chilischote waschen und schräg in dünne Ringe schneiden, die Samen dabei entfernen. Die Frühlingszwiebeln putzen und schräg in Ringe schneiden.

- Die Brühe abseihen und mit Salz, Limettensaft und Fischsauce abschmecken. Erneut aufkochen lassen und dann die Temperatur etwas reduzieren, bis die Bouillon nur noch siedet. Die Garnelen kalt abbrausen, hineingeben und je nach Größe in 3–5 Minuten gar ziehen lassen.

- Frühlingszwiebeln und Chiliringe in die Bouillon geben, diese mit Korianderblättchen bestreuen und sofort servieren.

Kalte Rote-Bete-Suppe

Zubereitung: 20 Minuten
Kühlen: 2 Stunden
Für 6 Personen

Zutaten

1 Scheibe Toastbrot
2 EL Weißweinessig
1 Stück frischer Meerrettich (etwa 6 cm)
250 g gegarte Rote Bete (vakuumverpackt)
1 TL Zucker
500 ml Buttermilch
Salz
frisch gemahlener schwarzer Pfeffer
100 g Sahne

Das Brot entrinden, zerkrümeln und mit dem Essig beträufeln. Den Meerrettich schälen und 1 EL sehr fein abreiben. Die Rote Bete klein schneiden und mit dem aufgeweichten Brot, Zucker, geriebenen Meerrettich und der Buttermilch im Mixer fein pürieren. Mit Salz und Pfeffer abschmecken. Vor dem Servieren 2 Stunden kalt stellen.

Die Sahne steif schlagen. Etwas Meerrettich für die Garnitur fein raspeln. Die Hälfte der Schlagsahne unter die Rote-Bete-Suppe ziehen und diese in sechs Gläser oder Schälchen füllen. Mit der übrigen Schlagsahne krönen und mit Meerrettichraspel bestreut servieren.

Kalte Gurkensuppe von der Saint-Domingue-Schokolade

Zubereitung: 25 Minuten
Für 4 Personen

Zutaten

1 Salatgurke
800 ml Buttermilch
Saft und Abrieb von ½ unbehandelten Zitrone
1 Prise gemahlener Koriander
30 g edelherbe Schokolade aus der Dominikanischen Republik (70 % Kakaogehalt)
1 Bund Dill
½ TL Schokoladensalz
frisch gemahlener schwarzer Pfeffer

Die Gurke schälen, längs halbieren und das weiche Innere mitsamt den Kernen herausschaben. Das Fruchtfleisch in Scheiben schneiden und mit der Hälfte der Buttermilch, dem Zitronensaft und -schale sowie dem Koriander fein pürieren.

Die restlichen 400 ml Buttermilch im Gefrierschrank ganz leicht anfrieren. Die Schokolade auf dem Wasserbad schmelzen. Die angeforene Buttermilch aus dem Gefrierschrank nehmen und die Schokolade mit einem Schneebesen leicht unterrühren. Die Schokolade wird sofort fest und die Buttermilch bleibt weiß – wie flüssiges Stracciatellaeis.

Den Dill fein hacken, ein paar kleine Dillzweige zum Garnieren beiseitelegen. Gehackten Dill und die Schokoladenbuttermilch in die Gurkensuppe rühren. Diese mit Schokoladensalz und Pfeffer abschmecken und zugedeckt im Kühlschrank durchziehen lassen.

Vor dem Servieren die Suppe kräftig aufrühren und in gekühlte Suppenteller schöpfen. Nach Belieben mit Gurkenstreifen und Dillzweigen garnieren.

Tipp: Alternativ die geschmolzene Schokolade ganz dünn auf Butterbrotpapier streichen und in den Kühlschrank stellen. Die gekühlte Schokolade in Stückchen zerbrechen und in die fertige Suppe geben.

Gurkensüppchen mit Garnelen

Zubereitung: 25 Minuten
Kühlen: 2 Stunden
Für 8 Personen

Zutaten

2 große Salatgurken
2 Schalotten
1 Knoblauchzehe
2 EL Zitronensaft
200 g Sahne
Salz
frisch gemahlener schwarzer Pfeffer
Zucker
1 Bund Dill
200 g gegarte Garnelen

Die Gurken schälen, längs halbieren, die Kerne herauskratzen und die Hälften klein schneiden. Die Schalotten sowie den Knoblauch schälen und beides fein hacken.

Alles mit dem Zitronensaft im Mixer fein pürieren. Die Sahne unterrühren und die Suppe mit Salz, Pfeffer und 1 Prise Zucker abschmecken. Für 2 Stunden zugedeckt kalt stellen

Den Dill waschen, trocken schütteln und die Spitzen abzupfen. Für die Garnitur 8 hübsche Zweiglein beiseitelegen, den Rest fein hacken und unter die Gurkensuppe mischen. Erneut mit Salz und Pfeffer abschmecken und in acht Gläser schöpfen. Mit den Garnelen und etwas Dill garnieren.

Kräuter- und Chilicroûtons

Die knusprigen Minis verfeinern Suppen und Salate, sie bringen den besonderen Biss.

Zubereitung: 15 Minuten
Ergibt 4 Portionen

Zutaten

Für die Kräutercroûtons

3 Scheiben Toastbrot
2 EL Butter
Kräutersalz
2 EL gehackter Majoran

Für die Chilicroûtons

1 kleine rote Chilischote
2 EL weiche Butter
Salz
2 Scheiben Toastbrot
1 EL gehackter frischer Koriander

Für die Kräutercroûtons: Das Toastbrot entrinden und in Würfel schneiden. In einer Pfanne die Butter erhitzen, die Toastwürfel hinzufügen. Mit Kräutersalz bestreuen, die Würfel mit Majoran würzen und in 3–5 Minuten knusprig rösten.

Für die Chilicroûtons: Die Chilischote waschen, längs halbieren, die Samen entfernen und die Schote fein hacken. Die Chiliwürfel mit der Butter verrühren, dann salzen. Das Toastbrot mit der Chilibutter bestreichen und mit Koriander bestreuen. Das Brot in Würfel schneiden und in einer Pfanne von allen Seiten knusprig rösten.

Variante: Auch Schwarzbrotcroûtons schmecken wunderbar. Dafür 1 Knoblauchzehe schälen und fein hacken. 2 Scheiben Schwarzbrot in Würfel schneiden. In einer Pfanne etwas Olivenöl erhitzen, darin den Knoblauch und die Schwarzbrotwürfel unter Rühren anbraten. Mit 1 EL gehackter Petersilie bestreuen und mit 1 TL flüssigem Honig beträufeln.

Kräutersüppchen

Zubereitung: 35 Minuten
Ergibt 4 Portionen, siehe Bild rechts

Zutaten

6 EL gehackte Kräuter (etwa Petersilie oder Basilikum)
3 EL Olivenöl | Salz
1 rote Zwiebel
2 Knoblauchzehen
500 g mehligkochende Kartoffeln
2 EL Pflanzenöl
500 ml Gemüsebrühe
500 ml Vollmilch
Salz | frisch gemahlener schwarzer Pfeffer
1 EL Himbeeressig

Für das Kräuteröl 2 EL der gehackten Kräuter mit dem Olivenöl fein pürieren und mit Salz abschmecken.

Die Zwiebel und den Knoblauch schälen, beides fein würfeln. Die Kartoffeln schälen und in Würfel schneiden. In einem Topf das Pflanzenöl erhitzen, die Zwiebel-, Knoblauch- und Kartoffelwürfel darin etwa 5 Minuten anbraten. Mit der Brühe und Milch ablöschen, dann 25–30 Minuten bei mittlerer Hitze garen.

Die Suppe pürieren und mit Salz, Pfeffer und Himbeeressig abschmecken. Die restlichen Kräuter unterrühren, die Suppe auf Tellern verteilen und mit Kräuteröl garniert servieren.

Safran-Tomaten-Suppe mit Orangen-Zimt-Klößchen

Zubereitung: 55 Minuten
Für 4 Personen

Zutaten

150 g Schalotten | 2 Knoblauchzehen
1 Bund glatte Petersilie
4–5 EL Olivenöl | 2 EL Tomatenmark
1 l pürierte Tomaten
250 ml Gemüsebrühe
100 ml trockener Sherry
½ TL Safranfäden | 3 Lorbeerblätter
Salz | frisch gemahlener schwarzer Pfeffer
Cayennepfeffer | 1 TL Akazienhonig
1 EL Abrieb von 1 unbehandelte Orange
250 ml Vollmilch | 20 g Butter
¼–½ TL gemahlener Ceylonzimt
100 g Weizengrieß | 1 Eigelb

Die Schalotten sowie den Knoblauch schälen und würfeln. Die Petersilie abbrausen und trocken schütteln; die Blätter fein, die Stiele grob hacken.

Die Schalotten im Öl glasig schwitzen, Tomatenmark, Knoblauch und Petersilienstiele 1 Minute mitgaren. Mit Tomatenpüree, Brühe und Sherry ablöschen. Den Safran im Mörser zerreiben und mit dem Lorbeer in die Suppe geben; zugedeckt 20 Minuten köcheln lassen.

Die Lorbeerblätter entfernen. Die Suppe pürieren, nach Belieben passieren und mit Salz, Pfeffer, Cayennepfeffer und Akazienhonig abschmecken.

Während die Suppe kocht, Milch und Butter mit 1 Prise Salz und etwas Zimt aufkochen. Den Grieß bei geringer Hitze unterrühren; etwas abkühlen lassen. In einem großen Topf Wasser aufkochen und salzen. Eigelb, Orangenabrieb und ¾ der Petersilie unter den Grieß mischen, mit Salz und Zimt abschmecken. Mit zwei Teelöffeln Klößchen formen, diese ins siedende Wasser geben. Sobald sie an die Oberfläche steigen, mit dem Schaumlöffel herausheben, gut abtropfen lassen und in vier Suppentassen geben. Die Suppe darüberschöpfen und mit der restlichen Petersilie bestreuen.

Rohe Tomatenessenz mit Klößchen und Kapernbeeren

Glasklar und fein: eine Geschmackssensation!

Zubereitung: 20 Minuten plus
1–2 Stunden zum Passieren
Für 4 Personen

Zutaten

500 g reife Tomaten
1 Knoblauchzehe
1 rote Chilischote
1 EL Agavendicksaft
1 TL Balsamessig
Salz
1 Bund Basilikum, gewaschen und vier Blätter für die Garnitur
4 Kapernbeeren

Mit einem spitzen Messer den Stielansatz der Tomaten entfernen, das Fruchtfleisch in grobe Stücke schneiden. Den Knoblauch schälen, den Keim entfernen und den Knoblauch zerdrücken. Die Samen der Chilischote entfernen. Die Tomatenstücke, den Knoblauch, die Chili, den Agavendicksaft sowie den Balsamessig gemeinsam mit 500 ml Wasser pürieren. Durch ein feines Sieb passieren. Die Flüssigkeit mit Salz abschmecken.

Ein feines Sieb mit einem doppelten Passiertuch oder einem doppelten Kaffeefilter auslegen. Das Sieb über ein ausreichend großes Gefäß hängen. In dieses das frische Basilikum legen. Die bereits einmal durchpassierte Flüssigkeit vorsichtig durch den Filter in das Gefäß gießen. Stehen lassen. Die klare Tomatenflüssigkeit tropft langsam ab und das rote Püree bleibt im Tuch. Das kann 1–2 Stunden dauern. Keinesfalls rütteln oder umrühren, sonst bleibt die Essenz nicht klar. Das Basilikum bleibt bis zum Servieren in der Essenz und aromatisiert die Flüssigkeit. Vor dem Servieren herausnehmen.

Zum Anrichten die Tomatenessenz auf vier Suppentassen verteilen und je 1 Kapernbeere und 1 Basilikumblatt hineingeben. Mit zwei Teelöffeln Nocken aus der Tomatenpüreemasse, die im Sieb verblieben ist, formen und diese vorsichtig in die Tassen gleiten lassen.

Zwei-Melonen-Gazpacho mit Arganöl

Zubereitung: 25 Minuten
Für 4 Personen, siehe Bild links

Zutaten

200 g Cantaloupemelone
300 g Honigmelone
500 ml Gemüsebrühe
4 EL Arganöl
Salz
frisch gemahlener weißer Pfeffer

Für die Garnitur

½ Bund Ysop, Blätter und Blüten abgezupft
etwas Abrieb von 1 unbehandelten Zitrone

Die Melonen schälen und die Kerne entfernen. Das Fruchtfleisch in Stücke schneiden. Die Cantaloupemelone mit der Hälfte der Gemüsebrühe sowie mit 2 EL Arganöl im Mixer pürieren. Separat ebenso mit der Honigmelone sowie dem restlichen Gemüsefond und Arganöl verfahren.

Beide Suppen mit Salz und Pfeffer abschmecken. Die Suppen gleichzeitig in Suppenschalen gießen und mit dem Ysop und der Zitronenschale verzieren. Gekühlt servieren.

Tipp: Anstelle von Ysop passen auch Kerbel oder Estragon. Alle diese Kräuter ergänzen den mildfruchtigen Geschmack der Melonen.

Feuerbohnensuppe mit Apfel und Kürbiskernen

Zubereitung: etwa 1 Stunde 30 Minuten plus 12 Stunden Einweichen
Für 4 Personen

Zutaten

300 g getrocknete Feuerbohnen
2 Zwiebeln
1 EL Butter
1,8 l Brühe
2 mehligkochende Kartoffeln
4 Karotten
100 g Knollensellerie
3 säuerliche Äpfel, etwa Boskop
4 EL Kürbiskerne
100 g Sahne
Salz
frisch gemahlener schwarzer Pfeffer
Kürbiskernöl

Die Feuerbohnen 12 Stunden in reichlich kaltem Wasser einweichen, dann abseihen und abbrausen. Die Feuerbohnen mit 1,5 l Wasser aufkochen und mindestens 1 ½ Stunden kochen lassen. Die Feuerbohnen abgießen.

Die Zwiebeln schälen und fein würfeln, dann in der Butter anschwitzen. Die Brühe angießen und die gekochten Bohnen hineingeben. Die Kartoffeln, die Karotten und den Sellerie schälen und würfeln. Die Äpfel schälen, entkernen und würfeln. Alles zu den Feuerbohnen geben, die Suppe aufkochen und 20 Minuten köcheln lassen.

Die Kürbiskerne in einer Pfanne ohne Fett rösten. Zum Servieren die Sahne unter die Feuerbohnensuppe rühren und alles mit Salz und Pfeffer abschmecken. Die Suppe mit den gerösteten Kürbiskernen sowie mit Kürbiskernöl zum Beträufeln servieren.

Scharfes Kichererbsen-Dal

Zubereitung: etwa 1 Stunde plus
12 Stunden zum Einweichen
Für 4 Personen, siehe Schüssel ganz oben

Zutaten

250 g getrocknete Kichererbsen
1 TL Kurkuma
2 EL Tamarindenpaste
Salz
2 EL Ghee oder Butter
2 TL Garam Masala
½ TL Chilipulver
2 TL gemahlener Kreuzkümmel

Die Kichererbsen 12 Stunden in reichlich kaltem Wasser einweichen, abseihen und abbrausen.

Die Kichererbsen gemeinsam mit 1 l Wasser und der Kurkuma in einem Topf aufkochen. Die Temperatur reduzieren und die Kichererbsen mit halb aufgelegtem Deckel mindestens 1 Stunde köcheln lassen. Das Kochwasser abgießen. Die Tamarindenpaste unter die Kichererbsen rühren und alles salzen.

Das Ghee in einem kleinen Topf stark erhitzen, die Gewürze hineingeben und darin kurz anrösten. Die Ghee-Gewürz-Mischung heiß über die Kichererbsen gießen, gut verrühren und das Dal sofort servieren.

Gelbe-Linsen-Dal mit Zwiebeln und Knoblauch

Zubereitung: 25–30 Minuten
Für 4 Personen, siehe Schüssel unten links

Zutaten

300 g getrocknete geschälte und halbierte Mungbohnen (Mung-Linsen/Mung Dal)
Salz
20 g frischer Ingwer
2 Knoblauchzehen
1 große Zwiebel
2 grüne Chilischoten
1 TL Kreuzkümmelsamen
2 EL Sonnenblumenöl
1 EL Tomatenmark
einige Zweige frischer Koriander
1 TL Garam Masala

In einem Topf 1 l gesalzenes Wasser aufkochen. Die Linsen darin bei mittlerer Temperatur 10–15 Minuten garen, abseihen und gut abtropfen lassen.

Den Ingwer und Knoblauch schälen und hacken, zu einer feinen Paste zerdrücken. Die Zwiebel schälen und in Scheiben schneiden. Die Chilischoten putzen, die Samen entfernen und die Schoten in Scheiben schneiden. Den Kreuzkümmel im heißen Öl rösten, bis er zu knacken beginnt. Die Zwiebelnscheiben dazugeben und unter Rühren goldgelb-knusprig anbraten. Die Hälfte der Zwiebeln herausnehmen und auf Küchenpapier abtropfen lassen.

Das Tomatenmark, die Ingwer-Knoblauch-Paste und die Chilistücke zu den Zwiebeln geben. Unter Rühren so lange erhitzen, bis sich alles verbunden hat. Die Mischung mit den gegarten Linsen verrühren und mit Salz abschmecken. Den Koriander waschen und trocken schütteln, die Blätter hacken. Gemeinsam mit den restlichen Zwiebeln und Garam Masala über die Linsen geben. Heiß servieren.

Urdbohnen mit Gewürzen

Zubereitung: 1 Stunde 20 Minuten
Für 4 Personen, siehe Schüssel rechts

Zutaten

200 g getrocknete Urdbohnen (Urad Dal)
20 g frischer Ingwer
2 Knoblauchzehen
1 große Zwiebel
2 große Tomaten
3 EL Ghee oder Butter
1 TL gemahlener Koriander
1 TL Chilipulver
1 TL Garam Masala
einige Zweige frischer Koriander
Salz
6 EL Crème double

Die Urdbohnen 12 Stunden in kaltem Wasser einweichen, abseihen und abbrausen.

Den Ingwer und Knoblauch schälen und hacken, zu einer feinen Paste zerdrücken. Die Zwiebel schälen und würfeln, die Tomaten waschen und würfeln. Die Zwiebelwürfel im heißen Ghee goldgelb anbraten. Ingwer-Knoblauch-Paste und restliche Gewürze kurz mitbraten. Die Tomatenwürfel einrühren. Einige Minuten garen und 700 ml Wasser angießen.

Die Urdbohnen dazugeben und alles aufkochen. Die Temperatur reduzieren und den Deckel schräg auflegen. Das Dal 1 Stunde köcheln lassen, bis die Bohnen gar sind und das Wasser verdampft ist. Wenn nötig, noch etwas Wasser hinzufügen und weiterköcheln. Unterdessen den Koriander waschen, trocken schütteln, die Blätter fein schneiden.

Abschließend die Bohnen mit Salz abschmecken, vom Herd nehmen und die Crème double einrühren. Mit Korianderblättern bestreut anrichten.

Frische Erbsensuppe mit Garnelenspieß

Einfach und schnell zuzubereiten – trotzdem geschmacklich grandios!

Zubereitung: 30 Minuten
Für 4 Personen

Zutaten

2 Stangen Zitronengras
Salz
800 g gepalte frische Erbsen, ersatzweise TK-Ware
3 EL Olivenöl
2 Prisen Zucker
Saft von ¼ Zitrone
12 rohe Riesengarnelen
Fleur de Sel
frisch gemahlener schwarzer Pfeffer

Für die Suppe die Zitronengrasstangen putzen und in grobe Stücke schneiden. In einem Topf mit 1,5 l gesalzenem Wasser aufkochen. Die Erbsen darin 6–8 Minuten blanchieren. TK-Ware nur 2 Minuten blanchieren.

Die Erbsen abseihen und das Kochwasser auffangen. Die Erbsen mit 800 ml Kochwasser und 1 EL Öl in einer Küchenmaschine fein pürieren. Mit jeweils 2 Prisen Salz und Zucker sowie etwas Zitronensaft abschmecken.

Für die Spieße die Garnelen pulen und den Darm entfernen. Waschen und mit Küchenpapier abtupfen. In einer Pfanne das restliche Öl erhitzen und die Garnelen darin kurz und heiß anbraten. Sie sollten in der Mitte noch glasig sein. Mit Fleur de Sel und Pfeffer bestreuen.

Vier Spieße mit je etwa 3 Garnelen vorbereiten. Die Erbensuppe noch einmal aufkochen und sofort gemeinsam mit den Garnelen servieren.

Rote-Linsen-Suppe mit Zander im Bierteig

Ingwer und Tandoori-Gewürz runden diese Suppe geschmacklich ab.

Zubereitung: 55 Minuten
Für 4 Personen

Zutaten

Für die Suppe

1 Zwiebel
2 Karotten
2 EL Sesamöl
Salz
1 TL Tandoori-Gewürz
1 EL Zucker
400 g rote Linsen
30 g frischer Ingwer
Saft von 1 Limette
200 g Sahne
frisch gemahlener schwarzer Pfeffer

Für den Zander im Bierteig

2 Eier
125 ml Bier
125 g Mehl
Salz
500 g Zanderfilet
frisch gemahlener schwarzer Pfeffer
Saft von 1 Limette
Mehl zum Wenden
Öl zum Frittieren

Die Zwiebel sowie die Karotten schälen und fein würfeln. In einem großen Topf das Sesamöl erhitzen und die Zwiebel- und Karottenwürfel darin bei mittlerer Temperatur anschwitzen. Mit Salz, Tandoori-Gewürz und Zucker bestreuen, 1 Minute weiterbraten. Mit 1,5 l Wasser auffüllen. Die Linsen dazugeben und die Suppe aufkochen.

Den Ingwer schälen, fein hacken und zur Suppe geben. Den Limettensaft ebenfalls dazugeben. Die Suppe 20 Minuten sanft köcheln lassen. Anschließend die Sahne einrühren und die Suppe mit dem Stabmixer pürieren. Mit Salz und Pfeffer abschmecken. Sollte die Suppe zu dick sein, noch etwas Wasser dazugeben. Die Suppe warm halten.

Für den Bierteig die Eier trennen. In einer Schüssel das Bier, Mehl, Salz und Eigelb zu einem homogenen Teig verrühren. Das Eiweiß steif schlagen und unter den Bierteig heben. Das Zanderfilet kalt waschen, trocken tupfen, in grobe Würfel schneiden und mit Salz, Pfeffer und Limettensaft kurz marinieren.

Zum Frittieren etwa 1,5 l Öl in einem großen Topf auf 180 °C erhitzen. Die Fischwürfel in Mehl wenden, in den Bierteig tauchen und im heißen Fett goldgelb frittieren. Auf Küchenpapier entfetten und sogleich zur warmen Suppe servieren.

Gemüsebrühe mit Sprossen, Tofu und Erdnüssen

Zubereitung: 35–45 Minuten
Für 4 Personen

Zutaten

½ Bund Staudensellerie
2 Karotten
1 Gemüsezwiebel
2 Knoblauchzehen
1,2 l Gemüsebrühe
Saft von 1 Limette
süße und salzige Sojasauce
1 EL Fischsauce
Wasabipaste
Öl zum Frittieren
200 g Tofu
Salz
4 EL Erdnussbutter oder -paste
150 g Sprossen
2 EL Sesamöl

Den Sellerie waschen, putzen und in feine Scheiben schneiden. Die Karotten schälen und in Rauten schneiden, die Gemüsezwiebel und den Knoblauch schälen. Beides in Streifen schneiden.

Die Zwiebel- und Knoblauchstreifen im heißen Sesamöl glasig anbraten. Die Selleriescheiben und Karottenrauten 1 Minute mitbraten. Mit der Brühe aufgießen und aufkochen. Den Limettensaft unterrühren und die Suppe 10–15 Minuten köcheln lassen. Mit süßer und salziger Sojasauce sowie Fischsauce und Wasabipaste würzig abschmecken

In einem großen Topf etwa 1 l Öl auf 180 °C erhitzen. Den Tofu in Stücke schneiden und im Öl goldbraun ausbacken. Mit einer Schaumkelle herausnehmen, auf Küchenpapier entfetten und nach Belieben salzen. Die Erdnusspaste mit etwas Flüssigkeit aus der köchelnden Brühe anrühren und nach Belieben mit Sojasauce abschmecken, in einer kleinen Schüssel zum Servieren beiseitestellen.

Die Sprossen heiß waschen und abtropfen lassen. Die Suppe aufkochen, die Sprossen hineingeben und alles 5 Minuten kochen lassen. Mit frittiertem Tofu und der Erdnusspaste servieren.

Kartoffeln & Pasta

Pasta macht glücklich – und Kartoffeln sind ebenfalls Energie- und Lebenslustlieferanten. Im vegetarischen kulinarischen Leben sind sie kaum wegzudenken. Hier kommen einige kreative Ideen für Ihr Kochglück auf den Teller. Probieren Sie gleich diese Bandnudeln – mit Kürbisbolognese (Bild Seite 104, Rezept siehe folgende Seite)!

Gemüse vom Blech mit Chili-Kräuterquark

Zubereitung: 1 Stunde
Für 4 Personen, siehe Bild rechts

Zutaten

Für das Gemüse

300 g mittelgroße, vorwiegend festkochende Kartoffeln
1 Süßkartoffel (etwa 300 g)
2–3 Pastinaken | 2–3 Karotten
2–3 kleine Rote Beten | 1 Bund Frühlingszwiebeln
4 EL Pflanzenöl | Salz

Für den Quark

500 g Magerquark | 150 g Joghurt
1 große rote Chilischote | 1 Bund Schnittlauch
je 2–3 Zweige Petersilie, Basilikum und Dill
Salz | frisch gemahlener schwarzer Pfeffer

Den Backofen auf 200 °C vorheizen. Die Kartoffeln waschen und längs sechsteln. Die Süßkartoffel schälen, in Schnitze schneiden. Pastinaken und Karotten schälen, längs vierteln. Die Roten Beten schälen, längs sechsteln (Einmalhandschuhe tragen). Die Frühlingszwiebeln putzen, längs halbieren.

Das Gemüse in Öl wenden und auf einem mit Backpapier ausgelegten Blech 35 Minuten auf der mittleren Schiene im Ofen backen, gelegentlich wenden. Abschließend mit einem Messer in das Gemüse stechen. Gegebenenfalls weitere 5–10 Minuten backen.

Unterdessen den Quark mit dem Joghurt glatt rühren. Die Chilischote längs aufschneiden, die Samen entfernen, die Chilischote waschen und sehr fein würfeln. Die Kräuter waschen und trocken schütteln, den Schnittlauch in Röllchen schneiden, den Rest fein hacken. Alles unter den Quark mischen und diesen mit Salz und Pfeffer abschmecken. Gemeinsam mit dem gesalzenen Ofengemüse servieren.

Bandnudeln mit Kürbisbolognese

Zubereitung: 25 Minuten
Für 4 Personen, siehe Bild Seite 104

Zutaten

350 g Hokkaidokürbis
1 Knoblauchzehe
125 ml Gemüsebrühe
1 gelbe Paprikaschote
6 EL Olivenöl
etwas Abrieb von 1 unbehandelten Zitrone
4 Portionen Bandnudeln
12 Kirschtomaten
2 Zweige Basilikum, Blätter abgezupft
Salz | frisch gemahlener schwarzer Pfeffer

Den Kürbis waschen, entkernen, das Fleisch grob raspeln. Den Knoblauch schälen, ohne Keim zerdrücken. Die Gemüsebrühe zum Kochen bringen. Die Paprikaschote vierteln, die Samen und Scheidewände entfernen. Die Paprikastücke in der Brühe weich garen.

Die Paprika mit Sud im Mixer pürieren und durch ein mittelfeines Sieb passieren. Die Kürbisraspel mit dem Knoblauch in 4 EL Olivenöl anbraten. Mit dem Paprikapüree aufgießen und 5 Minuten köcheln lassen. Mit Zitronenabrieb, Salz und Pfeffer abschmecken.

In einem großen Topf gesalzenes Wasser zum Kochen bringen. Die Bandnudeln darin gar kochen, abgießen und mit der Kürbisbolognese mischen.

Die Kirschtomaten vierteln und in einer Pfanne in dem restlichen Olivenöl 2 Minuten erhitzen. Mit Salz und Pfeffer abschmecken. Die Nudeln in tiefen Tellern anrichten und mit den Tomaten und dem Basilikum garnieren, sofort servieren.

Kümmelkartoffeln mit Radieschenfrischkäse

Probieren Sie diese herzhafte Variante der beliebten Blechkartoffeln.

Zubereitung: 1 Stunde
Für 4 Personen, siehe Bild rechts

Zutaten

1 kg vorwiegend festkochende Kartoffeln
3 EL Pflanzenöl
3 EL Kümmel
1 Bund Radieschen
Salz | frisch gemahlener schwarzer Pfeffer
1–2 Frühlingszwiebeln
250 g Frischkäse
2 EL Crème fraîche
1 EL Meerrettich (aus dem Glas)

- Den Backofen auf 200 °C vorheizen, ein Blech mit Backpapier auslegen und dieses mit 1 EL Öl einpinseln. Die Kümmelsamen auf einen Teller geben.

- Die Kartoffeln gründlich waschen, längs halbieren und in einer Schüssel im restlichen Öl wenden. Die geölten Kartoffelhälften mit den Schnittflächen in den Kümmel drücken und mit der Schnittfläche nach oben aufs Blech legen. Im heißen Ofen 15 Minuten auf der mittleren Schiene backen, dann wenden und in etwa 15 Minuten fertig backen.

- Unterdessen die Radieschen putzen, waschen und in feine Stifte schneiden. Mit Salz bestreuen und einige Minuten Wasser ziehen lassen. Die Frühlingszwiebeln putzen, waschen und fein schneiden. In einer Schüssel den Frischkäse, die Crème fraîche und den Meerrettich verrühren. Die Radieschenstifte trocken tupfen und mit den Frühlingszwiebeln in die Käsecreme mischen. Mit Salz und Pfeffer abschmecken.

- Die fertigen Kümmelkartoffeln salzen und gemeinsam mit der Frischkäsecreme zum Dippen servieren.

Sesamkartoffeln mit Kreuzkümmeljoghurt

Auch diese Variante ist eine schöne Zwischenmahlzeit oder Beilage.

Zubereitung: 1 Stunde
Für 4 Personen

Zutaten

3 EL Pflanzenöl
3 EL Sesamsaat
½ TL Cayennepfeffer
1 kg vorwiegend festkochende Kartoffeln
500 g Vollmilchjoghurt
1 EL Zitronensaft
1 TL gemahlener Kreuzkümmel
Salz
Zucker

- Den Backofen auf 200 °C vorheizen, ein Blech mit Backpapier auslegen und dieses mit 1 EL Öl einpinseln. Sesam und Cayennepfeffer auf einem Teller mischen.

- Die Kartoffeln gründlich waschen, längs halbieren und in einer Schüssel in dem restlichen Öl wenden. Die geölten Kartoffelhälften mit den Schnittflächen in die Sesammischung drücken und mit der Sesamseite aufs Blech legen. Im heißen Ofen 15 Minuten auf der mittleren Schiene backen, dann wenden und in etwa 15 Minuten fertig backen.

- Unterdessen den Joghurt mit Zitronensaft und Kreuzkümmel glatt rühren, dann mit Salz, Cayennepfeffer und 1 Prise Zucker abschmecken.

- Die fertigen Sesamkartoffeln salzen. Gemeinsam mit dem Kreuzkümmeljoghurt servieren.

Gefüllte Kartoffeln mit Spinat und Gorgonzola

Spinat und Gorgonzola – das »Dreamteam«, bei dem eigentlich nie etwas schiefgehen kann – treffen hier in ausgehöhlten Kartoffelhälften aufeinander.

Zubereitung: 1 Stunde
Für 4 Personen

Zutaten

225 g Blattspinat, TK-Ware
4 große, vorwiegend festkochende Kartoffeln
1 Zwiebel
1 Knoblauchzehe
1 EL Butter
150 g Gorgonzola
etwas Butter für die Form
Salz
frisch gemahlener schwarzer Pfeffer
frisch geriebene Muskatnuss

Den Spinat auftauen lassen. In einem Topf die Kartoffeln mit Wasser bedecken und etwa 25 Minuten garen. Die Zwiebel und den Knoblauch schälen, fein hacken und in der Butter in 2 Minuten glasig anschwitzen. Den Spinat ausdrücken und grob hacken. Den Gorgonzola würfeln.

Den Backofen auf 200 °C vorheizen, eine Auflaufform ausbuttern. Die Kartoffeln pellen, längs halbieren und so aushöhlen, dass ein etwa 2 cm dicker Rand bleibt. Das ausgehöhlte Kartoffelfleisch fein hacken und mit dem Spinat, der Zwiebelmischung und dem Gorgonzola vermengen, mit Salz, Pfeffer und Muskatnuss abschmecken. Die Kartoffelhälften damit füllen und diese in die gebutterte Form setzen. Im heißen Ofen auf der mittleren Schiene 20 Minuten backen.

Gemüsechips mit Joghurtmayonnaise

Ihre Fernsehabende werden nie mehr so fad sein wie früher!

Zubereitung: 50 Minuten
Für 6–8 Portionen

Zutaten

je 200 g Karotten, Kartoffeln und Knollensellerie
abgeriebene Schale von 1 Bio-Limette
2 EL Limettensaft
100 g Mayonnaise
100 g Sahnejoghurt
1 EL Schnittlauchröllchen
1 Knoblauchzehe
Salz | frisch gemahlener schwarzer Pfeffer
Cayennepfeffer
1 Bund krause Petersilie

Außerdem

Öl zum Frittieren

Die Limettenschale mit Limettensaft, Mayonnaise, Joghurt und Schnittlauch verrühren. Den Knoblauch schälen und dazupressen. Mit Salz, Pfeffer und Cayennepfeffer abschmecken.

Kartoffeln, Karotten und Sellerie schälen und sehr fein direkt in kaltes Wasser hobeln. Die Petersilie waschen, trocken schütteln und die Blätter abzupfen. Die Gemüsescheiben in ein Sieb abgießen und mit einem Küchentuch trocken tupfen.

Das Öl am besten in einer Fritteuse auf 180 °C erhitzen. Die Gemüsechips portionsweise jeweils in 3–4 Minuten knusprig ausbacken (Die Petersilie nur ½ Minute frittieren). Alles auf Küchenpapier entfetten, gut salzen und mit der Mayonnaise servieren.

Basilikum-Honig-Kartoffeln

Die Süße des Honigs und die Essigsäure gehen mit den Kartoffeln und Basilikum eine köstliche Liaison ein.

Zubereitung: 45 Minuten
Für 4 Personen, siehe Bild links

Zutaten

600 g kleine neue Kartoffeln
3–4 Stängel Basilikum
4 EL Olivenöl
4 EL Balsamessig
2 EL flüssiger Honig
Salz
frisch gemahlener schwarzer Pfeffer

Die Kartoffeln waschen und in einem Topf mit Dämpfeinsatz in 15–20 Minuten weich dämpfen. Nach Belieben abgekühlt pellen – dann schmecken Sie besonders fein.

Das Basilikum waschen und trocken schütteln, die Blätter abzupfen und in Streifen schneiden.

Das Öl in einer großen Pfanne erhitzen und die Kartoffeln darin in 6–8 Minuten bei mittlerer Hitze rundherum knusprig braten. Dann Honig, Balsamessig sowie Basilikum dazugeben und kurz durchschwenken. Mit Salz und Pfeffer abschmecken und sofort servieren.

Sesam-Kartoffel-Spieße mit Sour Cream

Die kleinen Kartoffeln sind auch mit Schale super lecker, und sie brauchen nur ganz wenig Fett, um knusprig zu werden.

Zubereitung: 30 Minuten
Für 6–8 Portionen

Zutaten

2 EL Sesamsamen
800 g kleine Bio-Kartoffeln mit dünner Schale (Drillinge)
1 EL grobes Meersalz
4 EL Olivenöl
1 Bund Schnittlauch
400 g Sour Cream
Salz
frisch gemahlener schwarzer Pfeffer
Abrieb von 1 unbehandelten Zitrone

Den Backofen auf 180 °C vorheizen. Die Kartoffeln waschen, eventuell bürsten und längs halbieren. Mit Meersalz, Sesam und Olivenöl in einen Gefrierbeutel geben und gut mischen. Ein Backblech mit Backpapier auslegen und die Kartoffelhälften mit der Schnittseite nach unten darauf verteilen.

Im heißen Ofen auf der zweiten Schiene von unten 15–20 Minuten goldbraun backen. Inzwischen den Schnittlauch waschen, in Röllchen schneiden und mit der Sour Cream verrühren. Mit Salz, Pfeffer und Zitronenschale abschmecken. Die Kartoffelhälften auf Holzspießchen stecken und mit der Sour Cream servieren.

Tipp: Verwenden Sie für die Spieße Bio-Kartoffeln. Bei dieser trockenen Garmethode können konventionell angebaute Kartoffeln muffig schmecken, weil der Stickstoff aus dem Dünger nicht herausgewaschen wird.

Petersilienkartoffeln

Omas Klassiker muss auch mal sein – gut zu Gemüserouladen.

Zitronen-Minze-Kartoffeln

Zitronenschale, Minze und ein Hauch Chiliflocken machen aus einfachen Kartoffeln eine Delikatesse.

Korianderkartoffeln

Rosa Pfefferbeeren verleihen den Korianderkartoffeln eine feine Schärfe, die gut zu Fischfilet in sahniger Sauce passt.

Senf-Dill-Kartoffeln

Grobkörniger Rotisseur-Senf und gehackte Dillspitzen verfeinern hier die Salzkartoffeln – lecker zu Fisch.

Petersilienkartoffeln

Zubereitung: 25 Minuten
Für 4 Personen, siehe Bild links oben

Zutaten

800 g vorwiegend festkochende Kartoffeln
Salz
1 Bund Petersilie
2 EL Butter

Die Kartoffeln schälen und in 3 cm große Stücke schneiden. In einem Topf mit Wasser bedecken, kräftig salzen, aufkochen und 10–12 Minuten kochen lassen, dann abgießen. Unterdessen die Petersilie waschen und trocken schütteln, die Blätter fein schneiden; mit der Butter zu den Kartoffeln geben. Den Topf zugedeckt kräftig rütteln, bis alle Kartoffeln mit der Petersilienbutter umhüllt sind.

Korianderkartoffeln

Zubereitung: 25 Minuten
Für 4 Personen, siehe Bild links, Mitte links

Zutaten

800 g vorwiegend festkochende Kartoffeln
Salz
1 TL rosa Pfefferbeeren
1 Bund frischer Koriander
2 EL Olivenöl

Die Kartoffeln schälen und in 3 cm große Stücke schneiden. In Salzwasser in 10–12 Minuten weich kochen, dann abgießen. Unterdessen die Pfefferbeeren im Mörser fein zerstoßen. Den Koriander waschen, trocken schütteln, die Blätter und zarten Stiele fein schneiden. Rosa Pfefferbeeren, Koriander und Öl unter die Kartoffeln mischen.

Zitronen-Minze-Kartoffeln

Zubereitung: 25 Minuten
Für 4 Personen, siehe Bild links, Mitte rechts

Zutaten

800 g vorwiegend festkochende Kartoffeln
Salz
2–3 Stängel frische Minze
1 TL Abrieb von 1 unbehandelten Zitrone
2 EL Zitronensaft
2 EL Olivenöl
½ TL Chiliflocken

Die Kartoffeln schälen und in 3 cm große Stücke schneiden. In Salzwasser in 10–12 Minuten weich kochen, dann abgießen. Unterdessen die Minze waschen, trocken schütteln, die Blätter fein schneiden. Zitronenabrieb und -saft mit Minze, Olivenöl und Chiliflocken verrühren und unter die Kartoffeln mengen.

Senf-Dill-Kartoffeln

Zubereitung: 25 Minuten
Für 4 Personen, siehe Bild links, unten

Zutaten

800 g vorwiegend festkochende Kartoffeln
Salz
1 kleines Bund Dill
2 EL Butter
1 EL grobkörniger Senf
Zucker

Die Kartoffeln schälen und in 3 cm große Stücke schneiden. In Salzwasser in 10–12 Minuten weich kochen, dann abgießen. Unterdessen den Dill waschen, trocken schütteln, die Spitzen fein hacken. Die Butter in einer Pfanne schmelzen, Senf und 1 Prise Zucker unterrühren. Mit dem Dill unter die Kartoffeln mengen.

Kartoffelstampf und Chili-Ingwer-Birnen

Der bodenständige Kartoffelbrei bekommt durch die würzig-scharfen Birnen einen exotischen Touch.

Zubereitung: 45 Minuten
Für 4 Personen

Zutaten

Für den Kartoffelstampf

800 g mehligkochende Kartoffeln
Salz
2 EL Butter
150 ml Vollmilch
frisch geriebene Muskatnuss

Für die Birnen

2 reife Birnen (nicht zu groß)
etwa 600 ml trockener Weißwein
40 g frischer Ingwer
2 große rote Chilischoten

Die Kartoffeln schälen, würfeln, in einem Topf mit Wasser bedecken, kräftig salzen und in 15 Minuten weich kochen.

Unterdessen die Birnen schälen, die Stiele dranlassen. In einen kleinen Topf stellen, in dem sie gerade aufrecht stehend nebeneinander Platz haben, und so viel Wein angießen, dass die Birnen bedeckt sind. Den Ingwer schälen und in Scheiben schneiden. Die Chilischoten waschen, längs aufschneiden, die Samen entfernen und mit dem Ingwer in den Wein geben. Aufkochen lassen und die Birnen zugedeckt bei schwacher Hitze in 12–15 Minuten weich garen.

Das Kartoffelwasser abgießen und die Kartoffeln mit einem Kartoffelstampfer grob zerstampfen. Die Butter in einer Pfanne schmelzen und goldbraun werden lassen. Die Milch erhitzen und mit der Butter unter die Kartoffeln rühren. Mit Salz und Muskatnuss fein abschmecken.

Die Chili-Ingwer-Birnen aus dem Sud heben, kurz abtropfen lassen und gemeinsam mit dem Kartoffelstampf servieren.

Vanillepüree

Zubereitung: 30 Minuten
Für 4 Personen, siehe Bild rechts, oben

Zutaten

800 g mehligkochende Kartoffeln
Salz
2 Vanilleschoten
200 ml Vollmilch
2 EL Butter
frisch geriebene Muskatnuss

Die Kartoffeln schälen, würfeln, in einem Topf mit Salzwasser bedecken und in 15 Minuten weich kochen, dann abgießen. Die Vanilleschoten längs aufschneiden, das Mark herauskratzen und mit der Milch erhitzen. Die Kartoffeln mit einem Kartoffelstampfer fein zerstampfen und nach und nach so viel heiße Vanillemilch unterrühren, dass ein luftiges Püree entsteht. Die Butter unterziehen und mit Salz und Muskatnuss abschmecken.

Tomaten-Oliven-Püree

Zubereitung: 35 Minuten
Für 4 Personen, siehe Bild rechts, Mitte rechts

Zutaten

800 g mehligkochende Kartoffeln
Salz | 6 getrocknete, in Öl eingelegte Tomaten
50 g schwarze Oliven (ohne Stein)
½ Bund frischer Thymian
200 ml Vollmilch | 3 EL Olivenöl
frisch gemahlener schwarzer Pfeffer

Die Kartoffeln schälen, würfeln, in einem Topf mit Salzwasser bedecken und in 15 Minuten weich kochen, dann abgießen. Unterdessen die Tomaten und die Oliven fein würfeln. Den Thymian waschen, die Blättchen fein hacken. Die Kartoffeln mit dem Kartoffelstampfer zerstampfen. Die Milch erhitzen und so viel davon unterrühren, dass ein luftiges Püree entsteht. Tomaten, Oliven, Thymian und Öl unterziehen, mit Salz und Pfeffer abschmecken.

Skordalia

Zubereitung: 30 Minuten
Für 4 Personen, siehe Bild rechts, Mitte links

Zutaten

600 g mehligkochende Kartoffeln
2 Knoblauchzehen
50 g enthäutete gemahlene Mandeln
3 EL Olivenöl
3–4 EL Gemüsebrühe
2–3 EL Zitronensaft | 1 Handvoll schwarze Oliven

Die Kartoffeln waschen und in Salzwasser in 25 Minuten weich kochen. Abgießen, ausdampfen lassen, pellen und durch die Kartoffelpresse drücken. Den Knoblauch schälen und dazupressen. Die gemahlenen Mandeln dazugeben. Gemeinsam mit dem Öl, der Brühe und dem Zitronensaft zu einem cremigen Mus verrühren. Mit Salz abschmecken, in eine Schüssel füllen und mit den Oliven garnieren.

Süßkartoffelpüree

Zubereitung: 35 Minuten
Für 4 Personen, siehe Bild rechts, unten

Zutaten

800 g Süßkartoffeln | 1 Zwiebel
5 grüne Kardamomsamen | 2 EL Pflanzenöl
Saft und Abrieb von 1 unbehandelten Orange
Salz | Cayennepfeffer
2 EL Butter

Die Süßkartoffeln schälen und würfeln. Die Zwiebel schälen und hacken. Zwiebel und Kardamom im heißen Öl anbraten. Die Süßkartoffeln dazugeben und 2 Minuten mitbraten. Den Orangensaft und -abrieb dazugeben, die Süßkartoffeln zugedeckt bei geringer Temperatur in 15 Minuten weich dünsten. Mit dem Stabmixer pürieren, die Butter unterrühren und mit Salz und Cayennepfeffer abschmecken.

Vanillepüree

Mit echter Bourbon-Vanille verfeinertes Kartoffelpüree ist eine elegante Begleitung zu Rinder- oder Kalbsfilet.

Skordalia

Der griechische Klassiker ist besonders lecker zu Lammgerichten.

Tomaten-Oliven-Püree

Das mediterran gewürzte Püree passt gut zu gegrilltem Gemüse.

Süßkartoffelpüree

Kardamom und Orangenschale verleihen dem Püree eine orientalische Note.

Kartoffelroulade mit Räucherlachs und Apfel

Die tolle Knolle in gerollter Form macht richtig etwas her!

Zubereitung:50 Minuten plus 1 Stunde zum Kühlen
Ergibt 2 Rollen für 6–8 Personen

Zutaten

600 g mehligkochende Kartoffeln
Salz
1 Bund Petersilie
5 Zweige Majoran
1 säuerlicher Apfel
etwas frisch geriebene Muskatnuss
3 Eigelb
50 g weiche Butter, mehr zum Braten
100 g Mehl
16 Scheiben geräucherter Lachs
Fleur de Sel

Die Kartoffeln schälen, waschen und in kochendem Salzwasser weich garen. Abgießen, zurück in den Topf geben und auf der noch warmen Herdplatte einige Minuten ausdampfen lassen. Die Kartoffeln mindestens 1 Stunde (am besten über Nacht) kalt stellen.

Die Kräuter waschen, trocken schütteln und fein hacken. Den Apfel schälen und fein würfeln. Die Kartoffeln durch eine Kartoffelpresse drücken und mit Salz und Muskat abschmecken. Mit den Kräutern, den Apfelwürfeln, dem Eigelb, der weichen Butter und dem Mehl zügig zu einem glatten Teig verkneten.

Ein Stück Alufolie auf die Arbeitsplatte legen, darauf ein ebenso großes Stück Klarsichtfolie platzieren und die Hälfte der Lachsscheiben als Rechteck darauflegen. Die Ränder sollen etwas überlappen. Die Hälfte des Kartoffelteigs auf einem weiteren Stück Folie dünn ausrollen und auf den Lachs stürzen. Den Lachs und die Kartoffelmasse mithilfe der Folie von der langen Seite fest zusammenrollen. Die Rolle in Alufolie wickeln und an den Seiten wie ein Bonbon fest zusammendrehen. Aus dem restlichen Lachs und Kartoffelteig auf dieselbe Weise eine zweite Rolle formen.

Die eingewickelten Kartoffelrollen in siedendem Wasser 20 Minuten pochieren und erkalten lassen. Die Rollen auspacken, in Scheiben schneiden und in etwas Butter anbraten. Mit Fleur de Sel bestreuen und servieren.

Tipp: In dicke Scheiben geschnitten und mit gerösteten Nüssen und Wildkräuteröl serviert ist die Kartoffelroulade ein feiner Hauptgang. Dünn aufgeschnitten ist sie, zusammen mit einem Feldsalat, eine köstliche winterliche Vorspeise.

Kartoffel-Thymian-Pfanne

Dieses herzhafte Pfannengericht sorgt für mediterranen Hochgenuss.

Zubereitung: 35 Minuten
Für 4 Personen

Zutaten

500 g Kartoffeln
2 rote Zwiebeln
4 EL Pflanzenöl
Salz
Paprikapulver
4 Tomaten
2 kleine Zucchini
50 g schwarze Oliven
2 EL gehackter Thymian
50 ml Gemüsebrühe
100 g Fetakäse

Die Kartoffeln und die Zwiebeln schälen. Die Kartoffeln in Würfel und die Zwiebeln in Ringe schneiden. In einer Pfanne das Pflanzenöl erhitzen,

Die Kartoffelwürfel und Zwiebelringe hinzufügen, Salz und Paprika dazugeben und unter Rühren ca. 10 Minuten anbraten.

Die Tomaten und Zucchini waschen, die Tomaten in Spalten schneiden. Die Zucchini längs halbieren und in Halbmonde schneiden. Die Oliven gut abtropfen lassen. Alles zur Kartoffelpfanne geben, gut vermengen und den Thymian unterheben. Mit der Gemüsebrühe ablöschen und weitere 5–10 Minuten garen.

Den Fetakäse zerkrümeln. Die Kartoffel-Thymian-Pfanne abschmecken und mit Fetakäse bestreut servieren.

Tipp: Dazu schmeckt ein würziger Knoblauch-Joghurt-Dip sehr gut. Dafür 2 Knoblauchzehen schälen und ganz fein schneiden. In einer Schüssel 250 g Joghurt, 100 g Quark und 2 EL Olivenöl verrühren, den Knoblauch hinzugeben. Den Dip mit Salz und 1 Spritzer Zitronensaft abschmecken.

Kichererbsen-Kartoffel-Curry mit Weißkohl

Milde Gewürze und eine angenehme Schärfe machen dieses Curry zu einer leichten, aber sättigenden Gemüsemahlzeit.

Zubereitung: 1 Stunde 30 Minuten plus
12 Stunden zum Einweichen
Für 4 Personen

Zutaten

200 g getrocknete Kichererbsen
Salz
300 g mehligkochende Kartoffeln
350 g Weißkohl
150 g Schalotten
4 Knoblauchzehen
2 rote Chilischoten
4 EL Erdnussöl
1 EL scharfes Currypulver
1 TL gemahlener Kreuzkümmel, geröstet
frisch gemahlener schwarzer Pfeffer

Die getrockneten Kichererbsen 12 Stunden in kaltem Wasser einweichen, abseihen und abbrausen.

In einem Topf die Kichererbsen mit 1,5 l Wasser aufkochen. Die Temperatur reduzieren und die Kichererbsen zugedeckt 60 Minuten weich kochen. Die gekochten Kichererbsen abseihen.

Unterdessen die Kartoffeln schälen und in 2 cm große Würfel schneiden. Vom Weißkohl die äußeren Blätter abtrennen, den Strunk entfernen und den Kohl in etwa 2 cm große Quadrate schneiden. Die Schalotten und den Knoblauch schälen, dann beides fein würfeln. Die Chilischoten putzen, die Samen entfernen und die Schoten fein hacken.

In einer großen Pfanne das Erdnussöl erhitzen und die Schalotten- und Knoblauchwürfel sowie die Chilistücke darin anbraten. Das Currypulver, den gerösteten Kreuzkümmel, die Kichererbsen und die Kartoffelwürfel unterrühren. Dann 1,5 l Wasser angießen und alles aufkochen, unter gelegentlichem Rühren 20–25 Minuten garen.

Den Weißkohl zum Curry geben, gut umrühren und aufkochen. Den Deckel halb auflegen und das Curry noch 10–15 Minuten köcheln lassen. Mit Salz und Pfeffer abgeschmeckt servieren.

Tipp: Falls Sie es nicht ganz so scharf mögen, ersetzen Sie die Chilischoten durch Piment d'Espelette oder einfach nur schwarzen Pfeffer.

Kräuter-Herzoginkartoffeln

Zubereitung: 50 Minuten
Für 4 Personen, siehe Bild rechts, links oben

Zutaten

600 g mehligkochende Kartoffeln
Salz | 2 Eier
20 g Butter
1 Prise Muskatnuss | 150 ml Vollmilch
3 EL fein gehackter Oregano

Die Kartoffeln schälen, grob würfeln, in Salzwasser etwa 15 Minuten garen, abgießen. Noch heiß durch die Kartoffelpresse drücken und auskühlen lassen. Die restlichen Zutaten dazugeben, alles glatt rühren und abschmecken. Die Masse in einen Spritzbeutel mit großer Tülle füllen und kleine Röschen auf ein mit Backpapier ausgelegtes Backblech spritzen. Im vorgeheizten Backofen bei 200 °C auf mittlerer Schiene in etwa 15 Minuten goldbraun backen.

Kräuterknödel

Zubereitung: 50 Minuten
Für 4 Personen, siehe Bild rechts, links unten

Zutaten

1 Bund glatte Petersilie
500 g mehligkochende Kartoffeln
Salz | 150 g Mehl | 2 Eier

Die Petersilie waschen, trocknen und fein hacken. Die Kartoffeln waschen und mit Schale in Salzwasser 15–20 Minuten garen. Dann abgießen, pellen, heiß durch die Kartoffelpresse drücken und auskühlen lassen. Mit dem Mehl, den Eiern, der Petersilie und ½ TL Salz zu einem glatten Teig verarbeiten. Daraus 8 Knödel formen, in kochendes Salzwasser geben, die Temperatur herunterregeln und darin etwa 10 Minuten ziehen lassen. Knödel herausnehmen und gut abtropfen lassen.

Kräuterpüree

Zubereitung: 35 Minuten
Für 4 Personen, siehe Bild rechts, rechts oben

Zutaten

500 g mehligkochende Kartoffeln
Salz | 20 g Butter
250 ml heiße Vollmilch
3 EL fein gehackte, gemischte Kräuter

Die Kartoffeln schälen, grob würfeln und in Salzwasser etwa 15 Minuten garen. Die Kartoffeln abgießen und sogleich durch die Kartoffelpresse in eine Schüssel drücken. Mit Butter und Milch glatt rühren, die Kräuter unterheben. Abschmecken und servieren.

Kräuterkroketten

Zubereitung: 50 Minuten
Für 4 Personen, siehe Bild rechts, rechts unten

Zutaten

400 g mehligkochende Kartoffeln
Salz | 125 ml heiße Vollmilch
10 g Butter | 1 Eigelb | 1 EL gehackte Petersilie
frisch geriebene Muskatnuss | 150 g Mehl | 1 Ei
6–8 EL Paniermehl

Die Kartoffeln schälen, grob würfeln und in Salzwasser etwa 15 Minuten garen. Dann abgießen und sogleich durch die Kartoffelpresse in eine Schüssel drücken.

Die Milch nach und nach unterrühren. Die Butter dazugeben, die Masse locker schlagen. Das Eigelb und die Petersilie unterheben, mit Salz und Muskatnuss abschmecken. So viel Mehl unterschlagen, dass sich die Masse formen lässt. Mit bemehlten Händen dicke Rollen formen und diese in 3 cm lange Stücke schneiden. Das Ei verquirlen. Die Kroketten erst in verquirltem Ei, dann in Paniermehl wenden. In der Fritteuse 2–3 Minuten frittieren. Herausnehmen, auf Küchenpapier gut entfetten und servieren.

Kartoffel-Tortilla mit grünem Spargel

Diese edle Form des spanischen Klassikers lässt sich prima vorbereiten und schmeckt warm oder kalt.

Zubereitung: 45 Minuten
Für 8 Personen

Zutaten

250 g grüner Spargel
750 g vorwiegend festkochende Kartoffeln
1 Knoblauchzehe
2 Frühlingszwiebeln
8 Eier
Salz
frisch gemahlener schwarzer Pfeffer
Pflanzenöl zum Braten

Die Spargelstangen waschen, das untere Drittel schälen, die Enden abschneiden und die Stangen schräg in etwa 1 cm breite Stücke schneiden. Die Kartoffeln schälen und in Pommes-frites-Form schneiden. Den Knoblauch schälen und fein hacken. Die Frühlingszwiebeln putzen, waschen und schräg in feine Ringe schneiden.

Die Kartoffeln mit Küchenpapier trocken tupfen. In einer großen Pfanne 2 cm hoch Öl erhitzen und die Kartoffeln darin in etwa 5 Minuten weich, aber nicht braun frittieren. In ein Sieb abgießen und abtropfen lassen, das Öl auffangen.

In einer kleinen Pfanne 2 EL des Öls erhitzen. Den Spargel, Knoblauch und die Frühlingszwiebeln darin 2 Minuten unter Rühren braten. Salzen, pfeffern und ebenfalls im Sieb abtropfen lassen.

Die Eier in einer Schüssel mit 1 kräftigen Prise Salz verrühren, aber nicht schaumig schlagen. Die Kartoffeln salzen und mit der Spargelmischung unter die Eier mengen.

2 EL des aufgefangenen Öls in die große Pfanne geben und erhitzen. Die Eier-Kartoffel-Mischung hineingeben, glatt streichen und 4–5 Minuten bei mittlerer Temperatur braten. Die Tortilla mithilfe eines flachen Deckels oder eines Tellers wenden und in weiteren 4–5 Minuten goldgelb braten. Auf eine Platte gleiten lassen und abgekühlt in acht Tortenstücke teilen.

Kartoffel-Zucchini-Tomaten-Gratin

Die provenzalischen Kräuter verleihen diesem Gratin einen verführerischen Duft nach Sommer und Sonne.

Zubereitung: 1 Stunde
Für 2 Personen

Zutaten

2 Zucchini (je etwa 150 g)
4 Strauchtomaten
1 Bund Kräuter der Provence (etwa Thymian, Oregano und Lavendel; eher kein Lorbeer)
250 g vorwiegend festkochende Kartoffeln
150 g Ziegenweichkäse
4 EL Olivenöl
Salz
frisch gemahlener schwarzer Pfeffer

Den Backofen auf 180 °C vorheizen. Die Zucchini und die Tomaten waschen, beides ohne Stielansätze in Scheiben schneiden. Die Kräuter waschen, trocken schütteln und die Blätter fein hacken. Die Kartoffeln schälen und in Scheiben schneiden. Den Ziegenkäse in Scheiben schneiden.

Eine Auflaufform für zwei Portionen (oder zwei Portionsförmchen mit je etwa 14 cm Durchmesser) mit Olivenöl auspinseln. Zucchini-, Tomaten-, Kartoffel- und Ziegenkäsescheiben jeweils im Wechsel in die Form schichten. Mit Salz, Pfeffer und Kräutern der Provence bestreuen und mit dem restlichen Olivenöl beträufeln. Im heißen Ofen auf der mittleren Schiene 30 Minuten backen.

Tipp: Wer keine frischen Kräuter bekommt, ersetzt sie durch 1 gehäuften TL getrocknete Kräuter der Provence.

Steinbeißerfilet im Kartoffelmantel

Im knusprigen Kartoffelkleid bleibt der Fisch saftig und zart.

Zubereitung: 30 Minuten
Für 2 Personen, siehe Bild links

Zutaten

400 g Steinbeißerfilet
2 EL Mehl
1 Ei
400 g festkochende Kartoffeln
Salz | frisch gemahlener schwarzer Pfeffer
Muskatnuss, frisch gerieben
3 EL Butterschmalz

Die Fischfilets kalt abwaschen, trocken tupfen und in insgesamt sechs Stücke schneiden. Das Mehl auf einen Teller geben. Das Ei in einem tiefen Teller mit einem Teelöffel Wasser verquirlen.

Die Kartoffeln schälen und grob raspeln. Die Raspel in ein Stoffküchentuch geben, dieses fest zusammendrehen und möglichst alle Flüssigkeit aus der Kartoffelraspel pressen. Die Kartoffeln dann dünn auf Frischhaltefolie verteilen und mit wenig Salz, Pfeffer und Muskatnuss abschmecken.

Die Fischfilets salzen und pfeffern. Erst im Mehl wenden und den Überschuss gut abklopfen, dann durch das Ei ziehen und schließlich mit der Kartoffelraspel umhüllen und diese mithilfe der Folie gut andrücken.

Das Butterschmalz in einer Pfanne erhitzen. Die Fischfilets darin von jeder Seite 3 Minuten bei mittlerer Hitze braten. Aus der Pfanne nehmen, auf Küchenpapier legen und abtropfen lassen. Dazu passt ein bunter Pflücksalat.

Mangoldpäckchen mit Champignonfüllung

Mangoldblätter schützen die feinen Aromen der darin verpackten Zutaten.

Zubereitung: 1 Stunde
Für 6 Stück

Zutaten

12 große Mangoldblätter | 300 g Kartoffeln
150 g Champignons | 2 Zwiebeln | 4 EL Öl | Salz
frisch gemahlener schwarzer Pfeffer
frisch geriebene Muskatnuss
200 ml Gemüsebrühe
Butter für die Form
Crème fraîche zum Servieren

Den Mangold waschen. Die dicken Stiele abschneiden und in fünf Millimeter große Würfel schneiden. Die Blätter in sprudelnd kochendem Salzwasser 1–2 Minuten blanchieren, kalt abschrecken und abtropfen lassen. Kartoffeln schälen und in 5 mm große Würfel schneiden. Champignons putzen und grob hacken. Zwiebeln schälen und fein würfeln. Kartoffeln im heißen Öl bei mittlerer Hitze 5 Minuten unter Rühren braten.

Mangoldstiele, Champignons und Zwiebeln dazugeben und 6–8 Minuten braten, bis alle Flüssigkeit verdampft ist. Mit Salz, Pfeffer und Muskatnuss kräftig abschmecken und abkühlen lassen. Den Backofen auf 200 °C vorheizen. Die Mangoldblätter trocken tupfen. Jeweils 2 Blätter überlappend nebeneinanderlegen. Darauf je 3 EL Füllung verteilen, die Längsseiten der Blätter über die Füllung legen, dann die Blätter von der kurzen Seite her aufrollen.

Die Päckchen in eine gebutterte Auflaufform setzen. Die Brühe dazugießen und die Form mit Alufolie abdecken. Im heißen Ofen auf der zweiten Schiene von unten 20–25 Minuten garen. Die Päckchen warm oder kalt mit Crème fraîche servieren.

Fischfilet mit bunten Kartoffelschuppen und Estragonsahne

Sieht zauberhaft aus und schmeckt auch so – ein feines Gericht für zwei.

Zubereitung: 40 Minuten
Für 2 Personen

Zutaten

1 Schalotte
3 EL neutrales Pflanzenöl
2 EL Noilly Prat (Wermut, nach Belieben)
200 ml Fischfond (aus dem Glas)
2 Stücke Seelachsfilet (je etwa 150 g)
1 kleine vorwiegend festkochende Kartoffel
1 kleine blaue Kartoffel (beispielsweise Vitelotte)
1 schlankes Stück Süßkartoffel (etwa 50 g)
1 Eiweiß
Salz
200 g Babyspinat
80 g Sahne
3–4 Stängel Estragon
frisch gemahlener schwarzer Pfeffer
1 Knoblauchzehe
etwas Butter
1 EL Olivenöl

Die Schalotte schälen und sehr fein hacken. In einem Topf 1 EL Öl erhitzen und die Schalotte darin glasig anschwitzen. Den Wermut, falls verwendet, angießen und einkochen lassen. Den Fischfond dazugeben und 15 Minuten bei mittlerer Hitze einkochen lassen.

Unterdessen den Backofen auf 180 °C vorheizen. Die Fischfilets abwaschen und trocken tupfen. Die Kartoffeln und die Süßkartoffel schälen, alles in feine Scheiben hobeln, trocken tupfen. Das Eiweiß mit einer Gabel leicht verschlagen. Die Fischfilets salzen, auf der Hautseite mit Eiweiß einpinseln, die Kartoffelscheiben schuppenförmig überlappend darauf andrücken.

In einer Pfanne das restliche Öl erhitzen, den Fisch mit der Kartoffelseite nach unten hineinlegen. In etwa 5 Minuten bei mittlerer Hitze die Kartoffelschuppen knusprig braten. Die Filets wenden und auf der anderen Seite 1 Minute braten, dann in einer ofenfesten Form im Ofen auf der mittleren Schiene noch etwa 10 Minuten backen.

Unterdessen die Sahne steif schlagen. Den Estragon waschen und die Blätter fein hacken. Beides unter den eingekochten Fond rühren, mit Salz und Pfeffer abschmecken, warm halten. Den Babyspinat verlesen, waschen und trocknen.

Die Knoblauchzehe schälen und mit einem breiten Messer leicht anrdrücken. In einer Pfanne etwas Butter und das Öl erhitzen, darin die Knoblauchzehe mit 1 Prise Salz kurz anschwitzen. Den Babyspinat hineingeben und in etwa 4 Minuten zerfallen lassen.

Die Sauce als Spiegel auf zwei vorgewärmte Teller gießen. Etwas gedünsteten Babyspinat darauflegen. Die Fischfilets darauf anrichten und die Kartoffelschuppen leicht salzen.

Rettich-»Spaghetti« mit Erbsen-Minze-Sauce

Zubereitung: 25 Minuten
Für 4 Personen

Zutaten

2 Frühlingszwiebeln (nur das Grün)
1 Bierrettich
4 EL Olivenöl
1 TL Apfeldicksaft
Salz
100 g frische junge Erbsen
½ Bund Minze, Blätter abgezupft
Saft von 1 Zitrone
1 EL helles Mandelmus
1 EL schwarzer Sesam
frisch gemahlener schwarzer Pfeffer

Das Grün der Frühlingszwiebeln in feine Streifen schneiden und für 10 Minuten in Eiswasser legen.

Den Rettich schälen, dann mit einer Röstiraffel längs in dünne Spaghettistreifen schneiden. Die Rettichstreifen in Olivenöl, Apfeldicksaft und etwas Salz marinieren.

Die Hälfte der Erbsen, die Hälfte der Minzeblätter, den Zitronensaft und das Mandelmus im Mixer fein pürieren. Gegebenenfalls die Masse noch durch ein feines Sieb passieren. Mit Salz und Pfeffer abschmecken.

Die Erbsen-Minze-Sauce in tiefe Teller gießen. Die Rettichspaghetti mit den restlichen Minzeblättern und Erbsen sowie dem Sesam mischen und auf der Sauce anrichten. Mit den Frühlingszwiebeln bestreuen.

Kohlrabi-»Cannelloni« mit Kurkumadressing

Eine köstliche glutenfreie und vegane Nudelvariation!

Zubereitung: 45 Minuten
Für 4 Personen

Zutaten

2 Kohlrabi
1 Karotte
150 g Hokkaidokürbis
150 g gekeimte Cashewkerne
2 EL helles Mandelmus
Salz
frisch gemahlener schwarzer Pfeffer

Für das Dressing
2 Frühlingszwiebeln
20 g Zuckerschoten
3 EL Orangensaft
1 EL weißer Balsamessig
1 EL Kurkuma
4 EL Olivenöl
2 EL Leindotteröl

Die Kohlrabi schälen, zarte Kohlrabiblätter beiseitelegen. Die Knollen in hauchdünne Scheiben schneiden. Die Karotte und den entkernten Kürbis grob raspeln. Die Cashewkerne hacken. Karotte, Kürbis und Cashewkerne mit dem Mandelmus mischen und mit Salz und Pfeffer abschmecken.

Ein ausreichend großes Stück Klarsichtfolie auf der Arbeitsplatte ausbreiten. Ein 15 × 20 Zentimeter großes Rechteck mit überlappenden Kohlrabischeiben auslegen. Darauf einige Kohlrabiblätter legen und die Häfte der Gemüsefüllung aufstreichen. Mithilfe der Folie fest einrollen. Auf diese Weise noch eine weitere Rolle herstellen. Bis zum Anrichten können die Rollen für einige Stunden im Kühlschrank aufbewahrt werden.

Die Frühlingszwiebeln in feine Röllchen und die Zuckerschoten in dünne Streifen schneiden. Aus Orangensaft, Balsamessig, Kurkuma und den beiden Ölen eine Vinaigrette rühren, dieses noch mit Salz und Pfeffer abschmecken.

Die Kohlrabirollen in Portionsstücke von etwa 5 cm Länge schneiden, vorsichtig aus der Klarsichtfolie lösen und mit dem Dressing, den Zuckerschoten und den Frühlingszwiebeln anrichten.

Tipp: Dieses Gericht ist gut vorzubereiten. Die »Cannelloni« lassen sich besser schneiden, wenn sie ein wenig kalt gestellt wurden.

Nudelröllchen mit Spinat, Oliven und Parmesan

Auftritt: Gemüse, mal festlich!

Zubereitung: 1 Stunde 30 Minuten
Für 4 Personen

Zutaten

Für den Teig

50 g Mehl
50 g Hartweizengrieß
1 Ei
1 Prise Salz

Für die Tapenade

50 g Pinienkerne
70 g schwarze, getrocknete Oliven ohne Stein
70 g getrocknete, in Öl eingelegte Tomaten

Für die Füllung

700 g Blattspinat, TK-Ware
1 mittelgroße Zwiebel
4 Knoblauchzehen
50 g Butter
Salz
frisch gemahlener Pfeffer
etwas frisch geriebene Muskatnuss
250 g Ricotta
1 Ei
100 g Parmesan, gerieben
200 ml Sahne
200 ml Milch
30 g Butterflocken
Olivenöl zum Fetten der Form

Für den Teig: In einer Schüssel das Mehl und den Grieß mischen, mit Ei und Salz verkneten. Den Teig in Klarsichtfolie wickeln und 20–30 Minuten ruhen lassen.

Für die Tapenade: Die Pinienkerne in einer Pfanne ohne Fett rösten. Mit den Oliven, den abgetropften Tomaten und 2 EL des Öls der Tomaten in einer Küchenmaschine grob pürieren.

Für die Füllung: Den aufgetauten Spinat sehr gut ausdrücken. Die Zwiebel und den Knoblauch schälen, beides fein würfeln. Die Butter zerlassen und die Zwiebeln sowie die Hälfte des Knoblauchs darin anschwitzen. Den Spinat unterrühren und kurz mitbraten, dann mit Salz, Pfeffer und Muskat abschmecken. Dann Ricotta, Ei und die Hälfte des Parmesans unter die etwas abgekühlte Spinatmasse rühren.

Den Nudelteig zu 2 sehr dünnen Rechtecken ausrollen und zuerst dünn mit der Tapenade, dann mit der Spinatmasse bestreichen. Dabei an der oberen Seite jeweils einen 1 cm breiten Rand lassen. Den Nudelteig jeweils von der langen Seite her fest aufrollen und in Klarsichtfolie einschlagen. Die Rollen zusätzlich in Alufolie wickeln und die Enden beider Folien an den Seiten wie bei einem Bonbon zusammendrehen. In einem Bräter 2 l Wasser zum Kochen bringen und die beiden Rollen darin 20 Minuten köcheln lassen.

Den Backofen auf 180 °C vorheizen. Die Rollen auspacken, etwas abkühlen lassen und in 2–4 cm dicke Scheiben schneiden. Diese mit den Schnittkanten nach oben dicht nebeneinander in eine mit Olivenöl gefettete Auflaufform setzen. Die Sahne mit der Milch mischen, mit Salz, Pfeffer, Muskat sowie dem restlichen Knoblauch abschmecken und darübergießen. Den restlichen Parmesan und die Butterflocken darauf verteilen. Die Röllchen in 25–30 Minuten knusprig überbacken.

Schokoladen-Pfeffernudeln

Selbstgemachte Nudeln sind immer der Hit – und diese Variante überzeugt auch Gourmets!

Zubereitung: 45 Minuten plus 1 Stunde Kühlen
Für 4 Personen

Zutaten

10 g bunte Pfefferkörner
300 g Mehl
½ TL Schokoladensalz
40 g edelherbe Schokolade
(70 % Kakaogehalt)
3 Eier

Den Pfeffer im Mörser zerstoßen. In einer Schüssel die Pfefferkörner, das Mehl und Schokoladensalz mischen.

Die Schokolade hacken und auf dem Wasserbad schmelzen. Vom Wasserbad nehmen, die Eier dazugeben und die Mehlmischung unterheben. Etwa 5 Minuten mit der Küchenmaschine gründlich kneten. Den Teig zugedeckt 1 Stunde in den Kühlschrank stellen.

Den Teig leicht mit Mehl bestauben und in vier Portionen teilen. Jede Portion mehrere Male durch die glatten Walzen der Nudelmaschine drehen, bis ein elastisches dünnes Band entsteht; dabei immer wieder mit Mehl bestauben und den Walzenabstand allmählich enger stellen.

Die Teigbänder kurz antrocknen lassen und mit den geriffelten Schneidewalzen für Bandnudeln zerteilen. Die Nudeln in kochendem Salzwasser in 5–7 Minuten al dente garen. Abgießen, kurz abtropfen lassen und servieren.

Tipp: Die Schokoladennudeln können wie helle Bandnudeln zu einem Gericht serviert werden, aber sind auch pur mit Olivenöl, frisch geriebenem Parmesan und einem Tropfen Trüffelöl eine Delikatesse.

Bavette mit Kräuterseitlingen

Die Kräuterseitlinge verleihen den Bandnudeln einen edlen und aromatischen Geschmack.

Zubereitung: 25 Minuten
Für 4 Personen

Zutaten

400 g Nudeln (z. B. Bavette)
Salz
400 g Kräuterseitlinge
150 g Butter
12 Salbeiblätter
Kräutersalz
frisch gemahlener schwarzer Pfeffer
1 Prise Zucker
2 EL Pinienkerne

Die Nudeln in reichlich Salzwasser al dente kochen. Kräuterseitlinge putzen und eventuell halbieren. In einer Pfanne 2 EL Butter erhitzen und die Kräuterseitlinge darin sanft von allen Seiten anbraten. Die Salbeiblätter waschen, trocken tupfen, hinzufügen. Anschließend das Kräutersalz, Pfeffer und Zucker daraufstreuen.

Die Nudeln abgießen, gut abtropfen lassen und mit der Pilzmischung vermengen. Die restliche Butter in einer Pfanne schmelzen. Die Nudeln kräftig abschmecken, mit heißer Butter und nach Wunsch mit Pinienkernen bestreut servieren.

Tipp: Der Kräuterseitling ist eine Pilzart aus der Familie der Seitlinge. Kräuterseitlinge sind etwa 5–10 cm groß, cremefarben bis weiß mit einem graubraunen pelzigen Hut. Seine natürliche Verbreitung reicht von Süd- und Mitteleuropa bis Nordafrika, Zentralasien und Südrussland. Kräuterseitlinge haben ein würziges, an Steinpilze erinnerndes Aroma. Ihr Fleisch ist zart und bleibt auch beim Kochen bissfest. In der Küche kann der Seitling vollständig, mit Hut und Stiel, verwendet werden. Besonders gut eignet er sich für Suppen, Antipasti, Fleisch- und Wild- sowie Reis- und Nudelgerichte. Frische Kräuterseitlinge lassen sich in einem feuchten Küchentuch im Kühlschrank für kurze Zeit oder in der Gefriertruhe lagern.

Rigatoni mit Tomaten-Kräuter-Sauce

Die Sauce zu der Pasta ist im Handumdrehen zubereitet und schmeckt einfach super!

Zubereitung: 30 Minuten
Für 4 Personen

Zutaten

400 g Rigatoni
Salz
4 Schalotten
2–3 Knoblauchzehen
1 Dose geschälte Tomaten (480 g Abtropfgewicht)
2–3 Stängel Rosmarin
2 EL Olivenöl
frisch gemahlener schwarzer Pfeffer
1 TL Zucker
1 Bund Basilikum
3 EL gehackte Macadamianüsse

Die Rigatoni nach Packungsanleitung in Salzwasser al dente kochen. Die Schalotten und Knoblauch schälen und in feine Würfel schneiden. Die Tomaten abtropfen lassen, Saft auffangen und Tomaten grob hacken. Den Rosmarin waschen, trocken tupfen und grob hacken.

In einer Pfanne das Olivenöl erhitzen, die Schalotten- und Knoblauchwürfel mit dem Rosmarin darin in 3–4 Minuten andünsten. Die Tomatenwürfel und den -saft hinzufügen, mit Salz, Pfeffer und Zucker abschmecken und etwa 10 Minuten garen.

Das Basilikum waschen, trocken tupfen, in Streifen schneiden und unterheben. Die Rigatoni abgießen, gut abtropfen lassen und mit der Sauce vermischen. Die Nudeln abschmecken und mit Macadamianüssen bestreut servieren.

Tipp: Für einen Tomatensugo 1 kg Tomaten kreuzweise einritzen, kurz im kochendem Wasser blanchieren, häuten, vierteln und würfeln. 4 Schalotten und 2 Knoblauchzehen schälen, beides fein würfeln. 1 rote Chilischote waschen, längs halbieren, entkernen und fein würfeln. 3 EL Olivenöl in einem Topf erhitzen. Darin die Schalotten-, Knoblauch-, und Chiliwürfel etwa 3 Minuten anbraten. Die Tomaten und 1 EL Tomatenmark kurz mit anrösten. Mit 500 ml Gemüsefond und 200 ml Tomatensaft ablöschen. Je ½ Bund Zitronenthymian, Oregano, Rosmarin und Basilikum waschen, trocken tupfen und zum Tomatensugo geben. Mit 2 Prisen Zucker und 2 EL Balsamicoessig abschmecken, dann alles etwa 50 Minuten offen bei mittlerer Hitze einkochen lassen. Die Kräuter aus dem Tomatensugo entfernen, mit Salz, Pfeffer sowie Zucker abschmecken und in heiß ausgespülte Gläser füllen. Der Tomatensugo hält sich gekühlt etwa 3–4 Wochen.

Cannelloni mit Kräuter-Frischkäse-Füllung

Cannelloni mal anders – mit frischen Kräutern und knackigen Sonnenblumenkernen.

Zubereitung: 80 Minuten
Für 2–4 Personen

Zutaten

½ Bund Basilikum
100 g Rucola
4 EL Sonnenblumenkerne
400 g Kräuterfrischkäse
1 Ei
Bärlauchsalz
Knoblauchpfeffer
12 Cannelloni
2 EL Butter für die Form
40 g Butter
40 g Mehl
750 ml Milch
Salz
125 g geriebener Käse (etwa Gruyère)

Das Basilikum und den Rucola waschen, trocken tupfen und fein hacken. In einer Pfanne die Sonnenblumenkerne ohne Fett goldbraun rösten. In einer Schüssel den Kräuterfrischkäse mit dem Ei sowie jeweils 3 EL Sonnenblumenkerne, Basilikum und Rucola mischen. Mit Bärlauchsalz und Knoblauchpfeffer abschmecken und die Masse in die Cannelloni füllen. Eine Auflaufform mit Butter einfetten und die Cannelloni hineinlegen.

Für die Béchamelsauce in einem Topf Butter schmelzen und mit Mehl bestauben, mit Milch ablöschen und kurz aufkochen. Mit Knoblauchpfeffer und Salz abschmecken.

Die Cannelloni mit dem geriebenen Käse bestreuen und die Béchamelsauce darübergießen. Cannelloni im vorgeheizten Backofen bei 180 °C 40–45 Minuten garen. Mit den restlichen Kräutern und Sonnenblumenkernen garniert servieren.

Variante: Anstelle von Béchamelsauce schmeckt auch eine pikante Tomatensauce zu den Cannelloni. Dazu 2 Zwiebeln und 1 Knoblauchzehe schälen und in kleine Würfel schneiden. In einer Pfanne 2 EL Pflanzenöl erhitzen, die Zwiebel- und Knoblauchwürfel darin kurz anbraten. 6 Tomaten würfeln, hinzugeben und andünsten. Mit je 1 Prise Chili, Pfeffer, Salz sowie mit den restlichen Kräutern bestreuen.

Spaghetti aglio e oregano

Der Klassiker Spaghetti aglio e olio erhält durch das intensive Oregano-Aroma eine ganz besondere Note.

Zubereitung: 35 Minuten
Für 4 Personen

Zutaten

500 g Spaghetti
Salz
1 kleine frische Knolle Knoblauch
1 rote Paprikaschote
1 kleine rote Chilischote
5 EL Olivenöl
frisch gemahlener schwarzer Pfeffer
1 TL Zucker
½ Bund Oregano
100 g frisch geriebener Parmesan

Die Spaghetti nach Packungsanleitung in Salzwasser al dente kochen. Die Knoblauchzehen schälen, fein hacken. Den Stiel der Knoblauchknolle in feine Ringe schneiden. Die Paprika waschen, die Samen und Scheidewände entfernen, das Paprikafleisch in Würfel schneiden. Die Chilischote waschen, längs halbieren, entkernen und fein hacken.

In einer Pfanne 3 EL Olivenöl erhitzen, den vorbereiteten Knoblauch sowie die Chiliwürfel hinzufügen, alles 2–3 Minuten glasig anbraten. Die Paprikawürfel hinzufügen, mit Salz, Pfeffer und Zucker abschmecken und etwa 3 Minuten andünsten.

Oregano waschen, trocken tupfen und fein hacken. Restliches Olivenöl und Oregano dem Pfanneninhalt zufügen. Spaghetti abgießen, gut abtropfen lassen und mit der Sauce gut vermischen. Abschmecken und mit Parmesan bestreut servieren.

Hauptsache Gemüse!

Der Wochenmarkt lockt, die Gemüseabteilung im gut sortierten Supermarkt verspricht viele neue Genüsse: Es ist einfach herrlich, wenn frisches Gemüse auf den Teller kommt! Entdecken Sie die vielfältigen Möglichkeiten für delikate Veggie-Hauptspeisen, die so richtig satt machen. Probieren Sie doch einen orientalisch-gewürzte Blumenkohl , der mit Kichererbsen und Sesam märchenhaft-köstlich schmeckt (Bild Seite 154, Rezept siehe folgende Seite).

Auberginen mit Minzfüllung

Zubereitung: 50 Minuten
Für 4 Personen, siehe Bild rechts

Zutaten

2 große Auberginen | 4 mittelgroße Tomaten
200 g Schafskäse | 2 Zwiebeln
2 Knoblauchzehen | ½ Bund Minze
½ Bund Petersilie | 3 EL Olivenöl
Salz | Knoblauchpfeffer
250 ml Gemüsebrühe | 3 EL Tomatenmark

Die Auberginen waschen, halbieren und das Fruchtfleisch mithilfe eines Löffels herausnehmen, dabei einen 1 cm dicken Rand stehen lassen. Die Tomaten waschen, das Auberginenfruchtfleisch und Schafskäse in Würfel schneiden. Die Zwiebeln und den Knoblauch schälen. Zwiebeln in Ringe schneiden, Knoblauch würfeln. Die Kräuter waschen, trocken tupfen und fein hacken.

In einer das Öl Pfanne erhitzen, darin die Zwiebelringe, Knoblauch- und Auberginenwürfel etwa 5 Minuten anbraten. Die Tomaten- und Schafskäsewürfel zugeben und kurz durchschwenken. Mit Salz, Pfeffer und ⅔ der Kräuter vermischen und in die Auberginenhälften füllen.

Die Brühe mit 2 EL Tomatenmark, Salz und Pfeffer sowie den restlichen Kräutern verrühren. Die Auberginen in eine Auflaufform geben und die Tomatenbrühe angießen. Im vorgeheizten Backofen bei 180 °C etwa 30 Minuten garen. Fond mit restlichem Tomatenmark andicken, pikant abschmecken und mit den heißen Auberginen servieren.

Orientalischer Blumenkohl mit Kichererbsen

Zubereitung: 45 Minuten
Für 4 Personen, siehe Bild S. 154

Zutaten

Salz | ½ TL Kurkuma
1 TL Kreuzkümmel
1 großer Blumenkohl
1 unbehandelte Zitrone
frisch gemahlener schwarzer Pfeffer
1 Bund glatte Petersilie
1 Bund Frühlingszwiebeln
1 Dose Kichererbsen (250 g Abtropfgewicht)
25 g ungeschälter Sesam | 250 g Joghurt
75 g weißes Tahini (Sesampaste)
½ TL Ceylonzimt | 1 TL frisch gemahlener Piment
1 TL Sumach

Etwas Wasser zum Dünsten mit Salz, Kurkuma und Kreuzkümmel aufkochen. Den Blumenkohl putzen, in Röschen teilen, abbrausen und in dem Wasser etwa 5 Minuten garen. Er sollte noch Biss haben. Unterdessen die Zitrone heiß waschen, abtrocknen, die Schale abreiben, den Saft auspressen. Den Blumenkohl in ein Sieb abgießen, abtropfen lassen, mit 2 TL Zitronensaft beträufeln, leicht salzen und pfeffern.

Die Petersilie abbrausen, trocken tupfen und hacken. Die Frühlingszwiebeln putzen und in Ringe schneiden. Die Kichererbsen in ein Sieb geben, abbrausen und abtropfen lassen. Den Sesam in einer Pfanne ohne Fett rösten, bis er anfängt zu knistern. Den Joghurt mit Tahini, 2–3 TL Zitronensaft, Salz, Pfeffer, Zimt und Piment glatt rühren.

Den Blumenkohl auf Tellern anrichten, die Kichererbsen und Frühlingszwiebeln darauf verteilen. Den Würzjoghurt darüberlöffeln und mit Petersilie, Sesam und Sumach bestreuen.

Panierte Selleriescheiben mit Schnittlauchdip

Diese panierten Selleriescheiben mit Oregano und Nüssen lassen Sie alle Alltagssorgen vergessen.

Zubereitung: 40 Minuten
Für 4 Personen

Zutaten

250 g Quark
2 EL leichte Mayonnaise
1 Bund Schnittlauch
Salz
Knoblauchpfeffer
1 EL Kürbiskernöl
2 mittelgroße Knollen Sellerie
1 Zitrone
1 EL Zucker
frisch gemahlener schwarzer Pfeffer
2 Eier
120 g Paniermehl
40 g gehackte Kürbiskerne
2 EL gehackter Oregano
Pflanzenöl zum Braten

Für den Schnittlauchdip den Quark mit der Mayonnaise verrühren. Den Schnittlauch waschen, trocken tupfen und in feine Röllchen schneiden. Die Schnittlauchröllchen unter den Quark rühren und mit Salz und Knoblauchpfeffer abschmecken. Den Quark in eine kleine Schüssel geben und mit Kürbiskernöl beträufeln.

Den Sellerie schälen und in Scheiben schneiden. Die Zitrone auspressen. In einem Topf Salzwasser, Zitronensaft und Zucker zum Kochen bringen. Die Selleriescheiben darin ca. 5 Minuten vorgaren. Gut abtropfen lassen und mit Salz und Pfeffer bestreuen.

Die Eier aufschlagen. Das Paniermehl mit den Kürbiskernen vermischen. Salz, Pfeffer und Oregano dazugeben. Die Selleriescheiben nacheinander in Ei und Paniermehl wenden. In einer Pfanne das Olivenöl erhitzen und die Selleriescheiben etwa 2 Minuten von beiden Seiten goldbraun braten. Die panierten Selleriescheiben mit Schnittlauchdip warm oder kalt servieren.

Variante: Für panierte Auberginen 2 mittelgroße Auberginen waschen, putzen und in ca. 1 cm dicke Scheiben schneiden. Für die Panade 2 Eier aufschlagen. 120 g Paniermehl mit 2 EL Sesamsaat vermischen. Mit Salz, Pfeffer und Oregano bestreuen. Die Auberginenscheiben nacheinander in Ei und Paniermehl wenden. In einer Pfanne reichlich Pflanzenöl erhitzen und die Auberginenscheiben darin von beiden Seiten etwa 3 Minuten auf mittlerer Temperatur goldbraun braten. Auf etwas Küchenkrepp abtropfen lassen und mit Schnittlauchdip, wie oben beschrieben, servieren.

Exotisches Fruchtgemüse

Saftig-süße Früchte und knackiges Gemüse in einem süßsauren, scharfen Dressing, garniert mit erfrischender Minze – eignet sich als leichter Zwischengang.

Für 4 Personen
Zubereitung: 45 Minuten plus 1 Stunde Marinieren

Zutaten

1 Dose Litschifrüchte (Abtropfgewicht etwa 230 g)
1 reife Papaya
4 EL Limettensaft
40 g Ingwer
Salz
frisch gemahlener schwarzer Pfeffer
4 Frühlingszwiebeln
2 grüne Chilischoten
1 Knoblauchzehe
1 große rote Paprikaschote (oder 2 kleine)
2 Scheiben Ananas extra sweet (etwa 200 g)
2–3 Stiele Minze

Die Litschifrüchte abgießen, den Saft auffangen und diesen in einem kleinen Topf so lange einkochen, bis er Blasen wirft und sich goldbraun färbt.

Unterdessen die Papaya schälen, halbieren, entkernen und würfeln. Mit 1 EL Limettensaft beträufeln. Den Ingwer schälen und fein reiben.

Den eingekochten Litschisirup vom Herd nehmen, mit dem restlichen Limettensaft und dem Ingwer verrühren, mit Salz und Pfeffer abschmecken.

Die Frühlingszwiebeln putzen und schräg in dünne Scheiben oder Ringe schneiden. Die Chilischoten längs halbieren, die Samen und weißen Scheidewände entfernen, die Schoten waschen und fein würfeln. Den Knoblauch schälen und sehr fein hacken. Die Paprika mit dem Sparschäler dünn schälen, vierteln, die Samen und weißen Scheidewänden entfernen und klein würfeln. Die Ananas schälen, Strunk und dunkle Augen entfernen, das Fruchtfleisch würfeln. Die abgetropften Litschis ebenfalls klein schneiden.

Alle klein geschnittenen Zutaten mit dem Dressing mischen und zugedeckt im Kühlschrank etwa 1 Stunde durchziehen lassen.

Vor dem Servieren die Minze abbrausen und trocken tupfen, die Blättchen abzupfen und darüberstreuen.

Kohlrabicarpaccio

Ein vegetarisches Carpaccio mit knackigen Nüssen, zum Anbeißen gut!

Zubereitung: 25 Minuten plus 60 Minuten zum Marinieren
Für 4 Personen

Zutaten

4 kleine Kohlrabi
1 TL Kräutersalz
4 EL Olivenöl
1 EL Zitronenöl
2 EL Balsamessig
frisch gemahlener schwarzer Pfeffer
1 EL Zucker
1 Beet Kresse
4 EL gehackte, geröstete Cashewnüsse

Die Kohlrabi schälen und auf einer Brotschneidemaschine oder mit einer Mandoline in hauchdünne Scheiben schneiden. Die Kohlrabischeiben in eine große Schüssel geben und mit Salz bestreuen, so 30 Minuten ziehen lassen. Den Kohlrabi etwas ausdrücken und die entstandene Flüssigkeit abtropfen lassen.

Die Kohlrabischeiben auf großen Tellern anrichten. Das Oliven- und Zitronenöl mit Balsamessig verrühren und mit Salz, Pfeffer und Zucker abschmecken. Kresse vom Beet schneiden. Kohlrabicarpaccio mit Dressing beträufeln, mit Cashewnüssen und Kresse bestreuen. Nochmals 20–30 Minuten durchziehen lassen, dann servieren.

Tipp: Als erfrischende Hauptspeise oder alternativ als Vorspeise servieren.

Italienischer Spitzkohl

So haben Sie Spitzkohl noch nie gegessen: mit der Würze des Sommers.

Zubereitung: 60 Minuten plus
20 Minuten zum Einweichen
Für 4 Personen, siehe Bild rechts

Zutaten

100 g getrocknete Tomaten
375 ml Gemüsebrühe
1 mittelgroßer Spitzkohl
2–3 Knoblauchzehen
125 ml Olivenöl
grobes Salz
frisch gemahlener schwarzer Pfeffer
Chiliflocken
½ Bund frischer Thymian

Die Tomaten würfeln und etwa 20 Minuten in der Brühe ziehen lassen. Den Kohl putzen und in 8 Stücke teilen. Den Knoblauch schälen und in Scheiben schneiden. In einer Pfanne 1–2 EL Öl erhitzen und den Kohl darin etwa 5 Minuten anbraten.

Den angebratenen Kohl in eine Auflaufform geben, mit dem restlichem Öl beträufeln und mit Salz, Pfeffer und Chiliflocken bestreuen. Die Brühe mit den Tomaten dazugießen, mit Knoblauchscheiben und Thymian verfeinern. Den Spitzkohlauflauf im vorgeheizten Backofen bei 180 °C etwa 20 Minuten backen.

Tipp: Nach Wunsch mit gebratenem Reis servieren. Reis nach Packungsanweisung in Salzwasser garen und im Bratensatz des Spitzkohls anbraten.

Gemüsemuffins

Cheddarkäse, Paprika und Erbsen geben den saftigen Törtchen ihr Aroma.

Zubereitung: 50 Minuten
Für 12 Stück

Zutaten

60 g tiefgekühlte Erbsen
Salz
1 rote Paprikaschote
150 g Butter
1 Ei (Größe M)
6 EL Milch
100 g Cheddar, frisch gerieben
250 g Mehl
1 Päckchen Backpulver
Cayennepfeffer

Außerdem
Fett für die Muffinform

Die unaufgetauten Erbsen 2 Minuten in sprudelnd kochendem Salzwasser blanchieren, in ein Sieb abgießen, kalt abschrecken und abkühlen lassen. Die Paprikaschote waschen, vierteln, Samen und Scheidewände entfernen. Die Viertel in 1 cm große Würfel schneiden. Die Butter zerlassen und lauwarm abkühlen lassen. Den Backofen auf 200 °C vorheizen.

Das Ei verquirlen, Butter und Milch unterrühren. Erbsen, Paprikawürfel und Cheddar unterheben. Mehl, Backpulver, Salz und Cayennepfeffer mischen, darübersieben und schnell zu einem glatten Teig verrühren.

Den Teig in die gefetteten Mulden einer Muffinform verteilen. Im heißen Ofen auf der zweiten Schiene von unten 20–25 Minuten backen.

Variante: Probieren Sie auch einmal Pilzmuffins: Dazu 300 g gehackte Champignons mit einer gewürfelten Zwiebel in 3 EL Öl braten, bis alle Flüssigkeit verdampft ist. Lauwarm unter den Teig heben.

Majoranzucchini

Zubereitung: 40 Minuten plus 20 Minuten zum Marinieren
Für 4 Personen, siehe Bild links oben

Zutaten

2 große Zucchini
1 kleine rote Peperoni
3–4 Stängel Majoran
1 TL Kürbiskernöl
2 EL Sonnenblumenöl
Gewürzsalz

Die Zucchini waschen, putzen und in Scheiben schneiden. Die Peperoni waschen, Samen entfernen und die Peperoni in feine Würfel schneiden. Den Majoran waschen, trocken tupfen und grob hacken. Die Zucchinischeiben, Peperoniwürfel und Majoran mit Ölen und Salz vermischen, alles etwa 20 Minuten ziehen lassen. Die marinierten Zucchini auf einem Blech im vorgeheizten Backofen bei 180 °C 20–25 Minuten garen.

Korianderkarotten

Zubereitung: 40 Minuten plus 30 Minuten zum Marinieren
Für 4 Personen, siehe Bild links unten

Zutaten

4 große Karotten | 1 kleines Stück Ingwer
1 getrocknete Chilischote
4 Stängel frischer Koriander | 3 EL Rapsöl
½ TL Salz | 1 EL Honig

Die Karotten schälen und in Stifte schneiden. Den Ingwer schälen und fein würfeln. Die Chilischote zerdrücken. Den Koriander waschen, trocken tupfen und grob hacken. Die Karottenstifte, Ingwerwürfel, Chilischote und Koriander mit Öl, Salz und Honig mischen und etwa 30 Minuten ziehen lassen. Die marinierten Karotten auf einem Blech im vorgeheizten Backofen bei 180 °C 20–25 Minuten garen.

Salbeiartischocken

Zubereitung: 40 Minuten plus 20 Minuten zum Marinieren
Für 4 Personen, siehe Bild rechts oben

Zutaten

2 Dosen Artischockenherzen,
Abtropfgewicht je etwa 180 g
1 unbehandelte Zitrone | 6 Salbeiblätter
grobes Salz | Zitronenpfeffer
3 EL Walnussöl | 1 EL rote Pfefferbeeren

Die Artischockenherzen gut abtropfen lassen, eventuell halbieren. Die Zitrone waschen, halbieren, 2 Scheiben abschneiden und vierteln. Die restliche Zitrone auspressen. Den Salbei waschen, trocken tupfen und in Streifen schneiden. Die Artischockenherzen, den Zitronensaft und die -stücke sowie die Salbeistreifen mit Salz, Pfeffer, Öl und Pfefferbeeren 20 Minuten marinieren.

Die marinierten Artischocken auf einem Blech im vorgeheizten Backofen bei 180 °C 20–25 Minuten garen.

Rosmarinpaprika

Zubereitung: 40 Minuten plus 30 Minuten zum Marinieren
Für 4 Personen, siehe Bild rechts unten

Zutaten

2 rote Paprika | 2 gelbe Paprika
2 Stängel Rosmarin | 2 Knoblauchzehen
3 EL Olivenöl | 2 EL brauner Zucker
Salz | Knoblauchpfeffer

Die Paprika waschen, vierteln, Samen und Scheidewände entfernen. Das Paprikafleisch in grobe Streifen schneiden. Den Rosmarin waschen, trocken tupfen und Nadeln abzupfen. Den Knoblauch schälen und fein würfeln. Die Paprikastreifen, Rosmarinnadeln und Knoblauchwürfel mit Öl und Zucker mischen, mit Salz und Pfeffer etwa 30 Minuten ziehen lassen. Die marinierte Paprika auf einem Blech im vorgeheizten Backofen bei 180 °C 20–25 Minuten garen.

Kirschtomaten-Basilikum-Quiche

Ein italienischer Hochgenuss mit frischen Tomaten, Basilikum und Pinienkernen, getragen von einer Basis aus Mascarpone.

Zubereitung: 45 Minuten
Ergibt 12 Stücke

Zutaten

1 Packung Blätterteig (aus dem Kühlregal)
1 EL Olivenöl
250 g Mascarpone
200 g Frischkäse
3 EL Vollmilch und etwas mehr
3 Eier
1 TL körniger Senf
Kräutersalz
Knoblauchpfeffer
200 g Kirschtomaten
¼ Bund Basilikum
2 EL Pinienkerne
1 Eigelb

Den Blätterteig auseinanderrollen und diagonal durchschneiden. Eine Quicheform (28–30 cm Durchmesser) mit Olivenöl ausstreichen und die Teigstücke hineinlegen. Den Teig gleichmäßig etwas über den Rand hinausziehen.

Die Mascarpone, den Frischkäse, die Milch, Eier und den Senf zu einer glatten Creme verrühren. Die Creme mit Salz und Pfeffer abschmecken. Auf den Teig in die Form gießen.

Die Kirschtomaten waschen, gut abtrocknen und auf der Creme verteilen. Das Basilikum waschen, Blätter abzupfen und trocken tupfen. ⅔ der Basilikumblätter und Pinienkerne auf der Creme verteilen. Die Quiche im vorgeheizten Backofen bei 180 °C 30–35 Minuten backen.

Das Eigelb mit etwa 1 TL Milch verquirlen und 10 Minuten vor Ende der Backzeit auf den Rand der Quiche streichen. Die fertige Quiche mit den restlichen Basilikumblättern bestreuen und warm servieren.

Mangoldquiche mit Pfifferlingen

Zubereitung: 20 Minuten
Für 4 Personen

Zutaten

150 g frische Pfifferlinge
200 g Mangold
1 kleine Zwiebel
1 Knoblauchzehe
6 EL Olivenöl
½ Bund Thymian, Blätter abgezupft
Salz
frisch gemahlener schwarzer Pfeffer

Außerdem

1 Quicheboden, vorgebacken (siehe unten)

- Die Pfifferlinge putzen. Den Mangold waschen, putzen und in Streifen schneiden. Die Zwiebel schälen und in kleine Würfel schneiden. Den Knoblauch schälen, den Keim entfernen und den Knoblauch zerdrücken.

- Die Zwiebel in 2 EL Olivenöl glasig anschwitzen. Den Mangold dazugeben und 5 Minuten mitdünsten. Mit Salz und Pfeffer abschmecken und den Mangold auf dem Quicheboden verteilen. Die Pfifferlinge auf den Mangold geben. Das restliche Olivenöl mit dem Knoblauch und dem Thymian mischen, alles gleichmäßig über die Pilze geben.

- Die Quiche im vorgeheizten Backofen bei 200 °C 10 Minuten backen und heiß servieren.

Mürbeteig

Zubereitung: 25 Minuten
Für 3 Quiches

Zutaten

250 g Dinkelvollkornmehl
1 TL Weinstein-Backpulver
50 ml kaltes Wasser
1 Prise Salz
100 g Pflanzenmargarine oder Butter

- In einer Schüssel das Mehl mit dem Backpulver vermischen. Mit allen weiteren Zutaten rasch verkneten. Für eine Quiche ⅓ des Teigs dünn ausrollen und in eine Quicheform (26 cm Durchmesser) legen.

- Den Teig mindestens 10 Minuten sehr kalt stellen, am besten im Gefrierschrank.

- Den Quicheboden im vorgeheizten Backofen bei 200 °C etwa 5 Minuten vorbacken.

- Die Backzeit hängt vom Belag ab, siehe oben.

Tipp: Der Teig lässt sich gut einfrieren und so auf Vorrat vorbereiten. Enthält der Belag Sahne, Ei und Käse, so sollte der Teig vorher etwa 10 Minuten blindgebacken werden

Brokkoli-Lupinen-Terrine mit Erdnüssen

Lupinenquark steckt voller Eiweiß, Mineralstoffe und Vitamine.

Zubereitung: 30 Minuten plus 24 Stunden zum Kühlen
Ergibt 3 Formen à 250 ml Inhalt

Zutaten

Öl für die Formen
80 g Erdnüsse
1 großer Brokkoli (450–500 g)
3 junge Knoblauchzehen
Salz
200 g Lupinenquark
Paprikapulver
gemahlener Koriander
1–2 TL Honig
Saft von ¼ Zitrone
5 Blatt weiße Gelatine
50 g Sahne

Die Formen mit Öl fetten und möglichst faltenfrei mit Frischhaltefolie auslegen. In einer Pfanne die Erdnüsse ohne Fett goldbraun rösten und grob hacken. Den Knoblauch schälen und sehr fein hacken.

Den Brokkoli waschen und in feine Röschen teilen, den Stiel großzügig schälen und grob würfeln. Zuerst die Röschen im kochenden Salzwasser 4–5 Minuten blanchieren, herausnehmen und abkühlen lassen. Danach die Stiele im Salzwasser weich kochen und wieder herausnehmen.

Alle Brokkolistiele und so viele Röschen abwiegen, dass sich 200 g ergeben, die restlichen Röschen beiseitelegen. Den Brokkoli gemeinsam mit dem Knoblauch und Lupinenquark in einer Küchenmaschine pürieren. Mit Salz, Paprikapulver, Koriander, Honig und Zitronensaft abschmecken.

Die Gelatine in kaltem Wasser 3 Minuten einweichen. Etwas Brokkolimasse erhitzen und die ausgedrückte Gelatine darin auflösen. Den Rest der Brokkolimasse nach und nach unter ständigem Rühren zum Gelatinegemisch geben. Die Sahne halbfest schlagen und unter die nun kalte Brokkolimasse heben. Die restlichen Röschen und die Erdnüsse ebenfalls unterziehen.

Die Brokkolimasse in die Terrinenformen gießen und im Kühlschrank 24 Stunden stocken lassen. 30 Minuten vor dem Servieren aus dem Kühlschrank nehmen.

Tipp: Lupinenquark ist in einigen Bioläden und Reformhäusern erhältlich.

Schlangenbohnencurry

Ein schnelles Curry für den Feierabend!

Zubereitung: 30 Minuten
Für 4 Personen, siehe Bild rechts

Zutaten

800 g Schlangenbohnen
2 grüne Chilischoten
1 Zwiebel
1 Zweig Curryblätter
¼ TL gemahlene Kurkuma
1 TL gemahlener Kreuzkümmel
½ TL Bockshornkleesamen
½ TL Fenchelsamen
3 EL Pflanzenöl
500 ml Kokoscreme
500 ml Gemüsebrühe
Salz

Die Schlangenbohnen waschen und in 5 cm lange Stücke schneiden. Die Chilischoten putzen, die Samen entfernen und die Schoten fein hacken. Die Zwiebel schälen und in Streifen schneiden. Die Bohnen, die Chilistücke und die Zwiebelstreifen mit den Gewürzen und Samen in einer Schüssel mischen.

In einer großen Pfanne oder in einem Wok das Öl erhitzen. Die Bohnen-Gewürz-Mischung hineingeben und 5 Minuten pfannenrühren. Die Kokoscreme sowie die Brühe einrühren und aufkochen. Die Temperatur reduzieren und das Curry etwa 20 Minuten köcheln lassen. Mit Salz abschmecken und servieren.

Zucchinispieße in Tempuramehl gebacken

Diese feinen Spieße sollten am besten sofort serviert werden.

Zubereitung: 30 Minuten
Für 6 Spieße

Zutaten

500 g Zucchini
Salz
frisch gemahlener schwarzer Pfeffer
100 g Tempuramehl (Asialaden)

Außerdem

6 Schaschlikspieße
Öl zum Frittieren
Sojasauce zum Servieren

Die Zucchini putzen, waschen, trocken tupfen und in 24 Würfel schneiden. Jeweils vier Würfel auf einen Spieß stecken und rundherum mit Salz und Pfeffer würzen. Das Tempuramehl mit 150 Milliliter eiskaltem Wasser verrühren.

In der Fritteuse oder in einem Topf reichlich Öl auf 180 °C erhitzen. Die Spieße portionsweise durch den Teig ziehen und sofort im heißen Öl in 3–4 Minuten ausbacken. Auf Küchenpapier entfetten und mit der Sojasauce servieren.

Tipp: Auch Champignons, Paprikaschoten und Auberginen eignen sich prima zum Ausbacken in Tempuramehl.

Erbsen-Feta-Tortelettes

Frische Erbsen und würziger Fetakäse im krossen Mürbteig.

Zubereitung: 1 Stunde plus 6 Stunden zum Kühlen
Ergibt 8–10 Torteletteförmchen à 10 cm Durchmesser

Zutaten

300 g gepalte frische Erbsen, ersatzweise TK
250 g Mehl
Salz
125 g kalte Butter
4 Eigelb
1 EL Butter und etwas mehr für die Form
Mehl für die Arbeitsfläche
1 EL Butter
2 EL Zucker
100 ml Weißwein
150 g Fetakäse
250 g Crème fraîche
Cayennepfeffer
Zitronensaft

Für den Teig das Mehl mit 1 Prise Salz, kalter Butter und 2 Eigelb verkneten. In Folie eingeschlagen, mindestens 30 Minuten kalt stellen. Die Förmchen mit Butter einfetten, dann leicht mit Mehl ausstreuen.

Den Teig auf einer bemehlten Arbeitsfläche 5 ml dünn ausrollen und Kreise (von etwa 12 cm Durchmesser) ausstechen. In die Förmchen legen und andrücken, überstehende Kanten abschneiden. Den Teig mit einer Gabel mehrmals einstechen. Für 5 Stunden in den Kühlschrank oder das Tiefkühlfach stellen.

Den Backofen auf 180 °C (Ober-/Unterhitze) vorheizen und die Tortelettes darin 10–15 Minuten vorbacken. Unterdessen die Erbsen in der heißen Butter farblos anbraten. Mit Salz und Zucker bestreuen und 1 Minute weiterbraten. Mit Wein ablöschen und fast vollständig einkochen lassen.

Den Backofen auf 200 °C (Ober-/Unterhitze) schalten. Den Feta klein würfeln. Die Crème fraîche mit Salz, Cayennepfeffer und Zitronensaft abschmecken, dann mit den restlichen 2 Eigelb verrühren. Einige Löffel der Füllung in jedes Tortelette geben, Erbsen und Feta aufstreuen und die Tortelettes 20–25 Minuten im Ofen backen. Sofort servieren.

Fajitas mit Kidneybohnen und Avocadodip

Ein schnelles und gesundes Essen, wunderbar auch mit Gästen zu genießen!

Zubereitung: 1 Stunde 30 Minuten plus 12 Stunden zum Einweichen
Ergibt 4 Fajitas

Zutaten

Für die Fajitas

1 halber, kleiner Spitzkohl
1 rote Paprikaschote
2 Zwiebeln
3 Knoblauchzehen
1 grüne Chilischote
3 Tomaten
2 EL Olivenöl
100 ml Gemüsebrühe
100 g getrocknete Kidneybohnen
Salz
frisch gemahlener schwarzer Pfeffer
4 Weizentortillas
100 g mittelalter Gouda
2 EL gehackte glatte Petersilie
Butter zum Einfetten vom Blech

Für den Avocadodip

1 reife Avocado
Salz
frisch gemahlener schwarzer Pfeffer
Saft von ½ Zitrone

Vom Spitzkohl die äußeren Blätter entfernen. Den Kohl vierteln, den Strunk entfernen und die Blätter in Rauten schneiden. Die Paprikaschote waschen, die Samen und Scheidewände entfernen, dann die Schote in Streifen schneiden. Die Zwiebeln und den Knoblauch schälen, beides in Streifen schneiden. Die Chilischote waschen, die Samen entfernen und die Schote fein hacken. Die Tomaten waschen und grob würfeln.

In einer Pfanne mit erhitztem Öl den Spitzkohl 2 Minuten kräftig anbraten. Die Paprikastreifen dazugeben und 2 Minuten mitbraten, Zwiebeln, Chilistücke und Knoblauch hinzufügen noch 2 Minuten braten. Mit Salz und Pfeffer bestreuen, dann mit Brühe ablöschen. Die Tomaten und Bohnen unterrühren, die Temperatur reduzieren und das Ganze köcheln lassen, bis die Flüssigkeit verkocht ist.

Den Backofen auf 200 °C (Ober-/Unterhitze) vorheizen. die Weizentortillas auf ein gefettetes Backblech legen und die Füllung gleichmäßig darauf verteilen. Dann den Käse darüberreiben, alles mit Petersilie bestreuen. Die Fajitas zusammenklappen und im Backofen 15–20 Minuten backen.

Für den Dip die Avocado halbieren, den Stein entfernen und die Avocadohälften auslösen. Das Fruchtfleisch mit einer Gabel zerdrücken und mit Salz, Pfeffer und Zitronensaft abschmecken. Zu den Fajitas servieren.

Wachtelbohnen mit Paprika aus dem Ofen

Mediterrane Aromen, jede Menge Gemüse und würzige Wachtelbohnen – einfach gut!

Zubereitung: 60 Minuten plus 12 Stunden Einweichen
Für 4 Personen

Zutaten

200 g getrocknete Wachtelbohnen
5 Knoblauchzehen
2 Zwiebeln
5 längliche Paprikaschoten
1 rote oder grüne Chiliaschote
5 Tomaten
je 2 Zweige Thymian und Rosmarin
4 EL Olivenöl
Salz
frisch gemahlener schwarzer Pfeffer
etwas Honig
Saft von ¼ Zitrone
150 ml Gemüsebrühe
150 g Pecorino
4 Eier

Die Bohnen 12 Stunden in kaltem Wasser einweichen, abseihen und abbrausen. Mit 1,2 l Wasser aufkochen, Temperatur reduzieren und den Deckel leicht schräg auflegen, so 50–60 Minuten kochen. Abseihen und das Kochwasser auffangen.

Den Knoblauch und die Zwiebeln schälen und fein würfeln. Die Paprika waschen, Samen und Scheidewände entfernen und das Paprikafleisch in Rauten schneiden. Die Chilischote waschen, die Samen entfernen und die Schote fein hacken. Die Tomaten waschen, den Stielansatz entfernen und das Tomatenfleisch würfeln. Die Kräuter waschen, trocken tupfen.

In einer Pfanne mit 2 EL Öl den Knoblauch und die Zwiebeln anbraten. Die Paprika, Chili und gewaschenen Kräuterzweige dazugeben und alles 2 Minuten braten. Die Tomatenwürfel dazugeben. Mit Salz, Pfeffer, Honig und Zitronensaft abschmecken, Kräuterzweige entfernen.

Den Backofen auf 200 °C (Ober-/Unterhitze) vorheizen. Bohnen und Gemüse in eine ofenfeste Form schichten, Die Brühe darübergießen, den Käse darüberreiben und zum Schluss vorsichtig 4 Eier über dem Auflauf aufschlagen. Im Backofen in 30–40 Minuten überbacken. Leicht abgekühlt servieren.

STAUB

Gratinierte Ratatouille-Linsen

Es muss ja nicht immer nur Kartoffelgratin sein …

Zubereitung: 1 Stunde 30 Minuten
Für 4 Personen

Zutaten

200 g Belugalinsen
300 g Auberginen
400 g Zucchini
3 Paprikaschoten
2 Zwiebeln
2 Knoblauchzehen
400 g Tomaten
6 EL Olivenöl
Salz
frisch gemahlener schwarzer Pfeffer
je 1 Zweig Basilikum, Thymian und Majoran
Pflanzenöll für die Form
150 g Crème fraîche
150 ml Sahne
3 Eier
150 g Bergkäse

Die Linsen in 1,5 l Wasser 30–40 Minuten kochen, dann abseihen.

Die Auberginen und Zucchini waschen und schälen, in walnussgroße Stücke schneiden. Die Paprikaschoten waschen, die Samen und Scheidewände entfernen und das Paprikafleisch in Rauten schneiden. Die Zwiebeln und den Knoblauch schälen und würfeln. Die Tomaten waschen und würfeln

In einer Pfanne mit erhitztem Olivenöl die Auberginen- und Zucchinistücke goldbraun anbraten. Die Temperatur reduzieren, dann Paprika, Zwiebeln und Knoblauch dazugeben und 5 Minuten weiterbraten. Salz und Pfeffer hinzugeben.

Die Kräuter waschen, trocken schütteln, die Blätter fein schneiden. Gemeinsam mit den Tomaten unter das Gemüse heben. Bei niedriger Temperatur und schräg aufgelegtem Deckel 30–45 Minuten schmoren. Das Ratatouille abschmecken und abseihen, dabei den Sud auffangen.

Den Backofen auf 200 °C (Ober-/Unterhitze) vorheizen. Eine Auflaufform mit Öl fetten und das Ratatouille hineingeben, die gegarten Linsen darauf verteilen. Den Ratatouillesud mit Crème fraîche, Sahne und Eiern verrühren, mit Salz und Pfeffer abschmecken. Dann alles über das Gemüse gießen. Den Bergkäse darüberreiben und das Gratin im Backofen etwa 45 Minuten überbacken. Mit Baguette servieren.

Markerbsen-Makkaroni-Auflauf

Zubereitung: 1 Stunde 30 Minuten
Für 4 Personen

Zutaten

600 g gepalte frische Markerbsen, ersatzweise TK-Ware
Salz
6 EL Olivenöl
Saft von ¼ Zitrone
Zucker
2 Knoblauchzehen
2 Zwiebeln
300 g Fleischtomaten
frisch gemahlener schwarzer Pfeffer
25 g Butter
25 g Mehl
500 ml Vollmilch
frisch geriebene Muskatnuss
300 g Makkaroni
150 g Parmesan
Öl für die Form

Die Erbsen in 1,5 l gesalzenem Wasser 5–6 Minuten blanchieren. Abseihen, das Kochwasser auffangen. 400 g Erbsen mit 2–3 EL Kochwasser, 2 EL Olivenöl, Zitronensaft und 1 Prise Zucker fein pürieren. Dann 60 g von dem geriebenen Parmesan unterrühren.

Den Knoblauch und die Zwiebeln schälen und würfeln. Die Tomaten waschen, den Stielansatz entfernen, das Tomatenfleisch würfeln. Die Knoblauch- und Zwiebelwürfel in 2 EL Olivenöl anschwitzen. Etwas Salz, Pfeffer und 1 Prise Zucker dazugeben. Die Tomaten hinzufügen, dann die Temperatur reduzieren und alles unter gelegentlichem Rühren 15 Minuten köcheln lassen, dann abschmecken.

Für die Béchamelsauce in einem kleinen Topf die Butter zerlassen und das Mehl einrühren. Die Milch dazugießen und die Sauce unter Rühren 6–8 Minuten köcheln, mit Salz und Muskat abschmecken. Die Makkaroni nach Packungsangabe al dente kochen, abgießen und kalt abbrausen.

Den Backofen auf 200 °C (Ober-/Unterhitze) vorheizen. Eine Auflaufform mit Öl fetten. Die Nudeln, gedünstete Tomaten sowie die Béchamelsauce in die Form schichten, dann das Erbspüree und die restlichen Erbsen darauf verteilen. Mit dem restlichen geriebenen Parmesan bestreuen und den Auflauf im heißen Backofen in 30–40 Minuten überbacken.

Gefülltes Gemüse mit Linsen und Ziegenkäse

Zubereitung: 1 Stunde
Für 4 Personen

Zutaten

200 g Tellerlinsen
Öl für die Form
1 Aubergine
1–2 Zucchini
2 längliche Paprikaschoten
4 gelbe Tomaten
3 weiße Zwiebeln
2 Knoblauchzehen
4 EL Olivenöl
Salz
je 2 Zweige Basilikum und Thymian
200 g Ziegenfrischkäse
100 g Sauerrahm
2 Eier
80 g Paniermehl
1 Msp. Cayennepfeffer
200 ml Brühe

Für die Füllung die Linsen in 1,2 l Wasser 45 Minuten kochen, abseihen und abtropfen lassen.

Unterdessen eine Auflaufform mit Öl fetten. Das Gemüse waschen, die Auberginen und Zucchini in 4 cm lange Stücke schneiden, die Paprika halbieren und Samen sowie Scheidewände entfernen. Von den Tomaten den Deckel abschneiden und beiseitelegen. Die Zwiebeln schälen und längs halbieren. Die Auberginen, Tomaten und Zucchini mit einem Kugelausstecher aushöhlen und innen leicht salzen, dann gemeinsam mit den Paprikahälften nebeneinander in die Auflaufform setzen. Das restliche Gemüse (bis auf die Tomatendeckel) fein hacken und beiseitestellen.

Für die Füllung den Knoblauch schälen und fein hacken. In einer Pfanne das fein gehackte Gemüse mit dem Knoblauch in 2 EL Olivenöl anbraten und mit Salz abschmecken. Die Kräuter waschen, trocken schütteln, die Blätter fein schneiden und unter die Linsen rühren. Mit der Hälfte des gehackten Gemüses, dem Ziegenfrischkäse, Sauerrahm und Eiern mischen. Dann 50 g Paniermehl hinzufügen, mit Salz und Cayennepfeffer pikant abschmecken.

Den Backofen auf 180 °C (Ober-/Unterhitze) vorheizen. Die Gemüsehälften mit der Linsenmischung füllen und mit dem restlichem Paniermehl bestreuen. Bei den Tomaten die Deckel aufsetzen. Das restliche Olivenöl darüberträufeln und die Brühe mit dem restlichen gehackten Gemüse seitlich angießen. Im heißen Backofen 40–50 Minuten garen.

Karotten-Ingwer-Risotto-Röllchen

Risotto endlich mal anders verpackt!

Zubereitung: 1 Stunde 30 Minuten plus
6 Stunden zum Kühlen
Ergibt 12–14 Scheiben

Zutaten

6–8 große Karotten
Salz

Für den Risotto

1 Schalotte
10 g Ingwer
1 EL Olivenöl
1 Zweig Zitronenthymian
150 g Risottoreis
1 Prise Zucker
50 ml Weißwein
300 ml Gemüsebrühe
1 Apfel
50 g frisch geriebener Parmesan
1 EL Butter

Zum Überbacken

100 g Butter, mehr für die Form
50 g Walnüsse, feingehackt
100 g würziger Bergkäse

Die Karotten schälen und längs in dünne Scheiben schneiden. Die Reste fein würfeln, beiseitestellen. Die Scheiben in kochendem Salzwasser bissfest garen, dann in Eiswasser abschrecken.

Für den Risotto: Die Schalotte und den Ingwer schälen, beides sehr fein hacken. Das Olivenöl erhitzen. Die Schalotte, den Ingwer, die Karottenwürfel sowie die Zitronenthymianblätter im erhitzten Öl 2 Minuten anschwitzen. Den Risottoreis dazugeben und unter Rühren 2 Minuten mitbraten. Mit 1 TL Salz und Zucker bestreuen, einmal umrühren und mit dem Weißwein ablöschen. Die Gemüsebrühe nach und nach angießen. Den Risotto unter gelegentlichem Rühren in 20 Minuten fertig garen. Den Apfel schälen, das Kerngehäuse entfernen, das Fruchtfleisch klein würfeln. Mit dem Parmesan und der Butter unter den Reis rühren.

Eine Stück Alufolie (30 × 20 cm) mit einem Stück Klarsichtfolie der gleichen Größe belegen und die Karottenstreifen nebeneinander darauf platzieren. Den heißen Risottoreis dünn auf die Karotten streichen und das Ganze mithilfe der Folie von der langen Seite zu einer Rolle aufrollen. Die Enden der Folie wie ein Bonbon fest gegeneinanderdrehen und die Rolle so verschließen. Die Karottenrolle im Kühlschrank in 6 Stunden fest werden lassen.

Den Backofen auf 200 °C vorheizen. Die gekühlte Karottenrolle auswickeln, in 2 cm dicke Scheiben schneiden und in eine gebutterte Auflaufform setzen. Die Scheiben mit den Nüssen und dem Bergkäse bestreuen, mit Butterflocken belegen und im heißen Backofen in 15–20 Minuten überbacken. Dann sofort servieren.

Weinblätter mit Sumach und Cranberrys

Probieren Sie doch mal etwas Extravagantes – eignet sich auch gut für ein Büffet!

Zubereitung:45 Minuten
Ergibt 30 Stück

Zutaten

150 g Couscous
100 g getrocknete Cranberrys
30 Weinblätter
Salz
1 TL grobes Paprikapulver
1 TL Sumach
2 unbehandelte Zitronen
Abrieb von ¼ unbehandelten Zitrone
3 EL Olivenöl
1 Bund glatte Petersilie
4 Zweige Minze
50 g kernlose Weintrauben
150 g Ziegenfrischkäse oder Schafskäse
1 unbehandelte-Zitrone

In einer Schüssel den Couscous und die Cranberrys vermischen. Etwas Salz, das Paprikapulver, den Sumach, den Saft von 1 Zitrone und Abrieb von ¼ Zitrone sowie das Olivenöl untermischen. Dann 100 ml kochendes Wasser angießen und 15 Minuten ziehen lassen.

Die Petersilie und die Minze waschen, trocken schütteln und die Blätter fein hacken. Die Trauben vierteln, den Käse würfeln und die Weinblätter mit kaltem Wasser abbrausen.

Den Couscous aufrühren, mit den Kräutern, Trauben und dem Käse vermischen und abschmecken. Die Weinblätter ausbreiten und auf jedes Blatt 1–2 EL der Füllung geben. Die Seiten der Blätter von rechts und links je 1 cm über die Füllung schlagen und die Blätter vom Stielansatz her fest zusammenrollen.

Die Weinblätter dicht nebeneinander in einen flachen Bratentopf legen. Die zweite Zitrone in dünne Scheiben schneiden und auf den Weinblättern verteilen. So viel Wasser angießen, dass die Rollen gerade bedeckt sind, dann mit einem Teller beschweren. Das Wasser zum Kochen bringen die Hitze reduzieren und die Weinblätter 10 Minuten ziehen lassen.

Tipp: Weinblätter eignen sich bestens zum Füllen und Wickeln und werden in der orientalischen Küche traditionell mit gewürztem Reis oder Schafskäse, alternativ auch mit Lammhack gefüllt.

Spitzpaprika gefüllt mit Kartoffeln und Oliven

Zubereitung: 1 Stunde
Für 4 Personen

Zutaten

4 rote Spitzpaprika
4 EL Olivenöl
1 EL Honig
Saft von ½ Zitrone
Fleur de Sel
einige Zweige Thymian, Blätter abgezupft

Für die Füllung

1 große, mehligkochende Kartoffel
100 g getrocknete, schwarze Oliven ohne Stein
200 g Feta
3 Zweige Estragon
frisch gemahlener schwarzer Pfeffer
Saft von ½ Zitrone

Den Backofen auf 250 °C vorheizen. Von den Spitzpaprika oben einen Deckel abschneiden, die Samen und Scheidewände entfernen, die Paprika waschen. Die Schoten nebeneinander auf ein Backblech legen, mit 1 EL Olivenöl, dem Honig und dem Zitronensaft beträufeln. Mit etwas Fleur de Sel und den Thymianblättern bestreuen. Die Paprika 15 Minuten im Backofen garen und zwischendurch einmal wenden.

Die Kartoffel schälen und in kochendem Salzwasser weich garen. Mit einer Gabel zerdrücken und mit Frischhaltefolie abdecken. Die Oliven hacken und den Feta mit einer Gabel zerdrücken. Den Estragon waschen, trocken schütteln und die Blätter hacken. Oliven, Käse und Estragon mit der zerdrückten Kartoffel vermischen. Mit Fleur de Sel und Pfeffer abschmecken und mit dem Zitronensaft und 2 EL Olivenöl mischen.

Die fertig gegarten Spitzpaprika etwas abkühlen lassen, dann mit der Kartoffel-Oliven-Masse füllen. Das restliche Olivenöl in einer Pfanne erhitzen und die Schoten vor dem Servieren kurz darin anbraten.

Tipp: Mit Sauerrahm warm, lauwarm oder kalt servieren. Da die Füllung beim Braten weich wird, sollten Sie die Paprika nur in Scheiben schneiden, wenn Sie sie kalt anrichten.

Enchiladas mit Erbsen, Minze und Ziegenfeta

Zubereitung: 30 Minuten
Ergibt 4–6 Enchiladas

Zutaten

350 g frisch gepalte Mark- oder Gartenerbsen (ersatzweise TK-Erbsen)
Salz
einige Zweige Minze
Saft von ½ Zitrone
2 TL Zucker
3 EL Olivenöl
frisch gemahlener schwarzer Pfeffer
200 g Zuckerschoten
1 EL schwarzer Sesam
200 g Ziegenfeta
1 kleiner Kopf Romanasalat
4–6 Weizen- oder Maistortillas
Shiso-Kresse zum Garnieren

Die Erbsen in 1 l kochendem Salzwasser 5–6 Minuten blanchieren. Durch ein Sieb abseihen und dabei das Kochwasser auffangen. Die Erbsen kurz mit kaltem Wasser abbrausen. Etwa 3 EL Erbsen beiseitestellen.

Die Minze waschen und trocken schütteln. Einige Minzeblätter beiseitelegen, die restlichen in feine Streifen schneiden und mit den Erbsen in eine Küchenmaschine geben. Dann 4–6 EL Kochwasser, die Hälfte des Zitronensafts, 1 TL Zucker sowie 2 EL Olivenöl hinzufügen und alles fein pürieren. Mit Salz und Pfeffer abschmecken.

Die Zuckerschoten waschen und putzen. Das restliche Olivenöl in einer Pfanne erhitzen und die Schoten darin kurz anbraten. Mit Salz und dem zweiten TL Zucker bestreuen, 1 Minute rühren und mit dem restlichen Zitronensaft beträufeln.

In einer Pfanne ohne Fett den Sesam rösten. Den Ziegenfeta grob würfeln. Vom Romanasalat den Strunk abschneiden, die Blätter waschen, trocken schütteln und in mundgerechte Stücke zupfen.

In einer Pfanne oder im Backofen die Tortillas erwärmen. Das Erbsenpüree darauf verteilen, dann mit Romanasalat, den Zuckerschoten und dem Ziegenkäse belegen. Abschließend mit dem Sesam, den beiseitegestellten Erbsen und der Shiso-Kresse bestreuen. Die Enchiladas zusammenrollen und mit den Minzeblättern garnieren.

Tipp: Enchiladas kann man fix und fertig gerollt auf den Tisch bringen, doch traditionell werden Tortillas und Zutaten getrennt serviert und jeder kann sie sich selbst belegen. Mit etwas Zitrone und Salz abgeschmeckter Sauerrahm passt gut dazu.

Gegrillte Süßkartoffel mit Chinakohl

Zubereitung: 25 Minuten
Für 4 Personen

Zutaten

600 g Süßkartoffeln
Salz
Saft von 1 unbehandelten Limette
4 EL Olivenöl
300 g Chinakohl
1 Schalotte
20 g Ingwer
1 Stange Zitronengras
1 kleine Chilischote
2 Knoblauchzehen
2 EL Agavendicksaft
500 ml Gemüsefond
½ TL Pfeilwurzmehl (oder Kuzu)
½ Bund frischer Koriander

Die Süßkartoffeln schälen und in 5 mm dicke Scheiben schneiden. Leicht salzen und mit der Hälfte des Limettensaftes und des Olivenöls beträufeln. In einer Pfanne von beiden Seiten in etwa 3 Minuten goldbraun grillen.

Den Chinakohl in feine Streifen schneiden. Die Schalotte und den Ingwer schälen, gemeinsam mit dem Zitronengras in sehr kleine Würfel schneiden. Von der Chilischote Samen und Scheidewände entfernen, dann die Schote in feine Streifen schneiden. Den Knoblauch schälen, den Keim entfernen und den Knoblauch zerdrücken.

In einer großen Pfanne die Schalotten-, Ingwer- und Zitronengraswürfel mit den Chilistreifen sowie dem Knoblauch im verbliebenen Olivenöl und dem Agavendicksaft anschmoren. Den Chinakohl dazugeben und mit Gemüsefond aufgießen. Dann 5 Minuten garen. Den restlichen Limettensaft dazugeben und die Flüssigkeit ganz leicht mit Pfeilwurzmehl binden. Mit Salz abschmecken.

Abwechselnd gegrillte Süßkartoffelscheiben und Chinakohlgemüse aufeinanderstapeln und mit Korianderblättern bestreuen.

Artischocken mit Erbsendip

Zubereitung: 55 Minuten
Für 4 Personen

Zutaten

20 g Salz
10 g Zucker
2 unbehandelte Zitronen
4 EL Olivenöl
4 Artischocken
grobes Meersalz
frisch gemahlener schwarzer Pfeffer
1 Rezept Markerbsendip (siehe unten)

In einem großen Topf 2 l Wasser mit Salz, Zucker, dem Saft von ½ Zitrone und 2 EL Öl aufsetzen. Die ganze Zitrone heiß waschen und in 8 nicht zu dünne Scheiben schneiden, die restliche Zitronenhälfte auspressen.

Die Artischocken kalt abbrausen. Die Blätter oben gerade abschneiden. Den Stiel herausbrechen und den Boden der Frucht sowie die untersten Blätter ebenfalls abschneiden. Die Schnittstellen sofort mit je 1 Zitronenscheibe belegen und diese mit Küchengarn fixieren. Die Artischocken im köchelnden Salz-Zitronen-Wasser 35–40 Minuten garen. Sie sind gar, wenn sich die Blätter leicht herausziehen lassen.

Die Artischocken auf einer Platte anrichten. Mit dem restlichen Zitronensaft und dem Öl beträufeln, mit Meersalz und Pfeffer bestreuen. Zusammen mit dem Markerbsendip servieren und nach Belieben Weißbrot dazu reichen.

Markerbsendip

Zubereitung: 15 Minuten
Für 4 Personen

Zutaten

Salz
300 g frische, gepalte Mark- oder Gartenerbsen, ersatzweise TK-Ware
Saft von ¼ unbehandelten Zitrone
1 TL Zucker
2 EL Olivenöl
frisch gemahlener schwarzer Pfeffer

In einem Topf 1 l gesalzenes Wasser aufkochen, darin die Erbsen 5–6 Minuten blanchieren. Die blanchierten Erbsen abseihen und dabei das Kochwasser auffangen. TK-Ware nur etwa 2 Minuten blanchieren. Anschließend die Erbsen mit kaltem Wasser kurz abbrausen.

Die Erbsen in einer Küchenmaschine mit 4–6 EL Kochwasser, dem Zitronensaft, dem Zucker sowie dem Öl fein pürieren. Das Püree nach Wunsch durch ein Sieb streichen – es wird dann besonders fein.

Mit Salz und Pfeffer abschmecken, servieren.

Omelett-Täschchen mit Shiitakepilzen

Zubereitung: 55 Minuten
Für 4–6 Personen

Zutaten

Für den Sushireis

4 EL japanischer Reisessig
2 EL Zucker
½ TL Salz
300 g Rundkornreis

Für die Füllung

2 EL Sesam
10 Shiitakepilze
3 Frühlingszwiebeln
1 EL Sesamöl
1 TL Sojasauce
1 TL Fischsauce

Für die Omeletts

1 Bund Schnittlauch
3 TL Speisestärke
3 Eier
3 Eigelb
Salz
Öl zum Backen

Für den Sushireis den Reisessig, Zucker und ½ TL Salz aufkochen, vom Herd nehmen und abkühlen lassen. Den Reis waschen, zum Abtropfen in ein Sieb geben, dann mit 330 ml Wasser in einem Topf zugedeckt zum Kochen bringen. 5 Minuten sprudelnd kochen, bei reduzierter Hitze weitere 10 Minuten köcheln lassen. Den Reis vom Herd nehmen und 10 Minuten zugedeckt quellen lassen. In eine Schüssel geben und nach und nach die Essigmischung unterrühren. Auf Raumtemperatur abkühlen lassen.

Für die Füllung den Sesam in einer Pfanne ohne Fett rösten. Pilze und Frühlingszwiebeln putzen und in feine Streifen schneiden. Das Sesamöl in einem Wok erhitzen, Pilze und Frühlingszwiebeln darin anbraten, mit Soja- und Fischsauce würzen. Abkühlen lassen und mit dem Sesam (1 TL beiseitelegen) und dem Reis verrühren.

Für die Omeletts vom Schnittlauch einige schöne Halme beiseitelegen. Den restlichen Schnittlauch in feine Röllchen schneiden. Die Stärke mit 2 EL Wasser glatt rühren, dann mit den Eiern, Eigelben, den Schnittlauchröllchen und dem Salz zu einem glatten Teig verrühren. Je 1 EL Öl in einer beschichteten Pfanne erhitzen. Darin nacheinander 6 dünne Omeletts backen, ohne dass diese Farbe annehmen. Auf einem Rost abkühlen lassen.

Je 2 EL Füllung in die Mitte der Omeletts geben. Den unteren Rand über die Füllung schlagen, dann die Seiten zur Mitte hin umschlagen und jedes Omelett zu einem Päckchen zusammenrollen und mit einem Schnittlauchhalm verschnüren. Mit dem restlichen Sesam bestreuen.

Persischer Juwelenreis mit Berberitzen und Pistazien

Ein Gericht nicht nur voll betörender Aromen, sondern auch optisch ein Hingucker und würdig, von allen Sultanen aus 1001 Nacht verspeist zu werden. Ein spannendes Spiel der Gewürze in Verbindung mit süßen, sauren und nussigen Elementen.

Zubereitung: 35 Minuten
Für 4 Personen

Zutaten

350 g Basmatireis
¼ TL Safranfäden
Salz
2 Schalotten
80 g Datteln (soft)
1 EL Öl
30 g Butter
½ TL frisch gemahlener Kreuzkümmel
½ TL frisch gemahlener schwarzer Pfeffer
½ TL frisch gemahlener Kardamom
50 g Mandelblättchen
50 g helle Rosinen
50 g Berberitzen
1 kleiner Granatapfel
2 Stiele Minze
50 g Pistazienkerne

Den Reis in einem Sieb gründlich mit kaltem Wasser abspülen und abtropfen lassen. Den Safran mit 1 Prise Salz im Mörser fein zerreiben, mit 2 EL Wasser mischen und ziehen lassen. Die Schalotten schälen und fein hacken. Die Datteln längs halbieren, den Kern entfernen, falls vorhanden, und dann klein schneiden.

Das Öl in einem Topf erhitzen und die Butter darin schmelzen, bis sie schäumt. Die Schalotten dazugeben und glasig schwitzen. Mit den Gewürzen bestauben. Die Mandelblättchen, Datteln, Rosinen und Berberitzen dazugeben und 3–4 Minuten unter Rühren sanft anbraten. Den Reis dazugeben, unter Rühren anbraten und mit 450 ml heißem Wasser ablöschen. Aufkochen, salzen, die Safranflüssigkeit unterrühren. Zugedeckt bei geringer Hitze etwa 5 Minuten garen. Den Herd ausschalten und den Reis in 8–10 Minuten zugedeckt ausquellen lassen.

Unterdessen den Granatapfel quer rundherum anritzen, in zwei Hälften brechen und aus einer Hälfte die Kerne herauslösen. Die Minze waschen und trocken tupfen, die Blättchen abzupfen.

Den fertigen Reis mit einer Gabel auflockern, mit Granatapfelkernen und Pistazien bestreuen und mit der Minze dekoriert servieren.

Won tan mit Erbsen und Ingwer-Karotten

Zubereitung: 25–30 Minuten plus 10–15 Minuten zum Dämpfen
Ergibt 24 Teigtaschen

Zutaten

24 Won-tan-Blätter

Für die Füllung

200 g frische, gepalte Mark- oder Gartenerbsen (ersatzweise TK-Erbsen)
200 g zarte Karotten
20 g frischer Ingwer
Salz
1 TL Zucker
Saft von ½ Limette
1 TL dunkles Sesamöl
70 g Chashewkerne
1 TL Speisestärke

Die Erbsen in 1 l kochendem Salzwasser 5–6 Minuten blanchieren. Dann durch ein Sieb abseihen und das Kochwasser auffangen. Die Erbsen kurz mit kaltem Wasser abbrausen. Alternativ TK-Ware auftauen lassen und kurz blanchieren.

Die Karotten schälen und würfeln. Das Kochwasser der Erbsen erneut aufkochen und die Karottenwürfel darin weich garen (alternativ in Wasser weich garen). Mit einer Schaumkelle herausheben und mit 1–2 EL Kochwasser in eine Küchenmaschine geben.

Den Ingwer schälen, fein reiben und zu den Karotten geben. Das Salz, den Zucker, Limettensaft und das Sesamöl hinzufügen, alles fein pürieren und abkühlen lassen.

In einer Pfanne ohne Fett die Cashewkerne rösten, hacken und mit den Erbsen und der Speisestärke unter das Karottenpüree rühren.

Die Won-tan-Blätter nebeneinanderlegen und die Ränder mit Wasser bestreichen. In die Mitte jeweils 1–2 TL der Füllung geben, die Ränder nach oben ziehen und zusammendrücken.

Einen Bambusdämpfer (Ø 24 cm) mit einem Bananenblatt auslegen und die Teigtaschen daraufsetzen. So viel Wasser in einen Wok oder einen großen Topf füllen, dass der Boden gut bedeckt ist. Den Bambusdämpfer darüberstellen. Das Wasser aufkochen und die Teigtaschen zugedeckt 10–15 Minuten dämpfen. Bei Bedarf Wasser nachfüllen.

Tipp: Won tan sollten so frisch wie möglich auf den Tisch. Als Dip passt salzige oder süße Sojasauce, je nach Geschmack.

Mit Fisch & Meeresfrüchten

Mariniert, gebraten, in Salzkruste, gedünstet oder frittiert: Fisch enthält viele Omega-3-Fettsäuren, die vom Körper nicht selbst hergestellt werden können, jedoch für unsere Gesundheit überlebenswichtig sind. Die Knoblauchbohnen (Bild links, Rezept siehe folgende Seite) enthalten zudem noch B-Vitamine, Provitamin A und mit bis zu 80 mg pro 100 g fast unseren gesamten Tagesbedarf an Vitamin C. Genießen Sie gesund!

Riesengarnelen mit Knoblauchbohnen

Zubereitung: 45 Minuten
Für 4 Personen, siehe Bild Seite 208

Zutaten

Für die Garnelen

20 rohe Riesengarnelen
1 Zweig Rosmarin | 1 Spritzer Zitronensaft
1 EL Butter | Öl zum Braten

Für die Knoblauchbohnen

400 g gepalte frische Dicke Bohnen, alternativ TK-Ware
Salz | 14 junge Knoblauchzehen
1 Zwiebel | 1 Zweig Zitronenthymian
1 milde Chilischote | 5 EL Olivenöl
4 EL Zitronensaft | 1 TL brauner Zucker
grobes Meersalz oder Fleur de Sel
frisch gemahlener schwarzer Pfeffer | Öl zum Einfetten

Die Bohnenkerne 4–6 Minuten in kochendem Salzwasser blanchieren. Dann abtropfen lassen und enthäuten.

Den Backofen auf 220 °C vorheizen. Die Knoblauchzehen schälen, 4 Stück beiseitelegen. Die Zwiebel schälen, in Ringe schneiden. Den Zitronenthymian waschen, trocken schütteln und abzupfen. Die Chili putzen, die Kerne entfernen, die Chili in Würfel schneiden.

Die Zwiebelringe, 10 Knoblauchzehen, den Zitronenthymian und die Chiliwürfel mit den Bohnen auf ein gefettetes Backblech geben. Mit Olivenöl und Zitronensaft beträufeln, mit braunem Zucker, Meersalz und Pfeffer bestreuen. Alles gut miteinander mischen, auf oberster Schiene im Backofen 8–10 Minuten backen.

Unterdessen die Garnelen kalt waschen, trocken tupfen. In einer Pfanne 4 EL Öl mit den restlichen Knoblauchzehen und dem gewaschenen Rosmarinzweig erhitzen. Die Garnelen darin von beiden Seiten etwa 2 Minuten sehr heiß anbraten. Vom Herd nehmen und die Butter sowie 1 Spritzer Zitronensaft dazugeben. Die Garnelen 1 Minute ziehen lassen, alles servieren.

Marinierter Fisch mit duftender Chermoula

Zubereitung: 1 Stunde plus 1 Stunde Marinieren
Für 4 Personen, siehe Bild rechts

Zutaten

2 Schalotten | 3 Knoblauchzehen
1 TL Safranfäden Salz | Abrieb und 2 EL Saft von
1 unbehandelten Zitrone | 2 Bund Koriander
1 Bund glatte Petersilie 5–6 EL Olivenöl
1–2 TL frisch gemahlener Kreuzkümmel
1 TL frisch gemahlener schwarzer Pfeffer
1 TL frisch gemahlener Kardamom
4 weiße Fischfilets à 170 g (etwa Rotbarsch)
1 große Fleischtomate | 1 Gemüsezwiebel
200 ml Gemüsebrühe

Schalotten und Knoblauch schälen und fein hacken. Den Safran mit etwas Salz im Mörser zerreiben, mit dem Zitronensaft mischen und etwa 10 Minuten ziehen lassen. Die Kräuter waschen, trocken schütteln und fein hacken, einige Blättchen im Ganzen beiseitestellen.

Den Safransaft mit 3 EL Öl und den Gewürzen verrühren. Schalotten, Knoblauch und die gehackten Kräuter untermischen. Den Fisch waschen, trocken tupfen, salzen, mit der Hälfte der Chermoula bestreichen und zugedeckt im Kühlschrank 1 Stunde marinieren.

Den Ofen auf 180 °C vorheizen. Die Tomate waschen, die Samen entsorgen, das Fleisch würfeln. Die Zwiebel schälen, hacken, im restlichen Öl glasig schwitzen, dann in eine ofenfeste Form füllen. Die Fischfilets daraufsetzen. Die restliche Chermoula mit der Brühe darübergießen, mit Tomatenwürfeln bestreuen.

Den Fisch im Ofen etwa 12 Minuten garen, mit Kräutern garnieren und nach Belieben mit Baguette servieren.

Seezunge mit Holunderblüten-sauce und Gurkensalat

Zubereitung: 50 Minuten plus 2 Stunden Marinieren
Für 4 Personen

Zutaten

Für den Gurkensalat

1 Salatgurke
8 EL fein geschnittener Dill
3 EL Zitronenöl
1 EL Estragonessig
1 EL Lime Juice (von Rose's)
1 TL zerstoßener Kubebenpfeffer

Für die Seezunge

2 EL Haselnussöl
4 Seezungenfilets à 100 g
4 EL Zitronenöl
Fleur de Sel

Für die Holunderblütensauce

50 ml Sahne
30 ml Holunderblütensirup
1 EL Speisestärke
1 EL Pflanzenöl
2 EL fein gehackte Milchschokolade aus Papua-Neuguinea (37 % Kakaogehalt)
Salz

Für den Salat die Gurke schälen, der Länge nach halbieren, das weiche Innere und die Kerne entfernen. Das Gurkenfleisch mit einem Sparschäler in dünne Streifen schneiden. Mit dem Stabmixer den Dill, das Zitronenöl und den Essig pürieren. Den Lime Juice unterrühren, die Marinade über die Gurken gießen und diese für 2 Stunden kühl stellen.

Den Backofen auf 80 °C vorheizen. In einer Pfanne das Nussöl leicht erhitzen und die Seezungenfilets darin etwa 2 Minuten anbraten. Die Filets auf ein Backblech setzen, mit dem Zitronenöl beträufeln, auf beiden Seiten mit Fleur de Sel bestreuen und im Backofen weitere 5 Minuten ziehen lassen.

Für die Sauce in einem kleinen Topf die Sahne und den Holunderblütensirup zum Kochen bringen. Die Speisestärke mit etwas Wasser anrühren, unter Rühren in den Topf geben und die Sauce 30 Sekunden kochen lassen. Den Topf vom Herd nehmen, zuerst das Öl und anschließend die Schokolade einrühren, damit eine Emulsion entsteht, und mit einer kräftigen Prise Salz abschmecken. Die Sauce vor dem Servieren mit dem Stabmixer kräftig aufmixen.

Die Seezungenfilets auf vier Teller setzen und mit Holunderblütensauce überziehen. Daneben den Salat anrichten und mit Kubebenpfeffer bestreuen.

Passt gut dazu: Köstlich dazu sind Drillingskartoffeln mit ihrem feinen Aroma.

Tipp: Anstelle von Lime Juice 2 Limetten auspressen, den Saft mit 1 TL Zucker gut verrühren und kurz aufkochen. Anstelle von Zitronenöl dünne Zesten von 1 unbehandelten Zitrone in Olivenöl einlegen und mindestens 1 Nacht ziehen lassen.

Schollenröllchen in Schokoladensenf-Sauce

Im Schokoladensenf verbindet sich der Geschmack von dunkler Schokolade vortrefflich mit den Senfaromen.

Zubereitung: 35 Minuten
Für 4 Personen

Zutaten

750 g Schollenfilet (etwa 12 Filets), küchenfertig vorbereitet
½ EL Zitronensaft
Salz
frisch gemahlener weißer Pfeffer
1 EL Butter für die Form
1 EL Öl
1 kleine Zwiebel, fein gewürfelt
3 EL Schokoladensenf
250 ml Sahne
125 ml Weißwein
1 Bund gemischte Kräuter (etwa Dill, Kerbel, Petersilie)

Die Schollenfilets mit dem Zitronensaft beträufeln, dann salzen und pfeffern. Eine Auflaufform buttern. Die Filets aufrollen und möglichst eng nebeneinander in die gebutterte Form setzen. Den Backofen auf 180 °C vorheizen.

In einem kleinen Topf das Öl erhitzen und die Zwiebelwürfel darin glasig anschwitzen. Den Schokoladensenf, die Sahne und den Weißwein zufügen. Die Sauce kräftig durchrühren und 10 Minuten im geöffneten Topf leise köcheln lassen. Danach mit Salz und Pfeffer abschmecken.

Die Sauce über die vorbereiteten Schollenröllchen gießen. Die Form im Backofen etwa 10 Minuten garen.

Unterdessen die Kräuter waschen, trocken schütteln und fein hacken. Die Röllchen aus dem Ofen nehmen, mit den Kräutern garnieren und servieren.

Variante: Für eine raffiniertere, gefüllte Version eine Kartoffelmousse aus 2 weich gekochten, geschälten und durch die Presse gedrückten Kartoffeln, 2 Eiern, 1 EL Schokoladensenf und 1 EL fein gehackter Essiggurke herstellen und mit Salz, frisch gemahlenem Pfeffer und frisch geriebener Muskatnuss abschmecken. Abschließend noch etwas gehackte Kräuter wie Dill oder Kerbel unter die Mousse ziehen. Die Masse nicht zu dick auf die Schollenfilets streichen, diese aufrollen und wie oben beschrieben garen.

Tipp: Anstelle von Schokoladensenf 20 g dunkle Schokolade im heißen Wasserbad auflösen und unter 2 EL Dijonsenf rühren.

Lachsforelle in Schokoladen-Salz-Kruste

Die Schokolade aus Boliviakakao eignet sich sehr gut zum Füllen des Fischs, da der Kakao sehr fruchtig und aromatisch ist und wenig Gerbstoffe besitzt.

Zubereitung: 1 Stunde
Für 4 Personen

Zutaten

1 Lachsforelle (1,5–2 kg), küchenfertig
Schokoladensalz
frisch und grob gemahlener weißer Pfeffer
30 g edelherbe Schokolade aus Bolivien
(70 % Kakaogehalt), gehackt
2 Bund Petersilie
1 Bund Zitronenmelisse
je 1 EL gehackter Rosmarin, Thymian, Schnittlauch,
Kerbel und Salbei
abgeriebene Schale von 1 unbehandelten Zitrone
4–5 Eiweiß
150 g Mehl, gesiebt
1,5–2 kg feines Meersalz
3 TL Kakao-Nibs
1 Knoblauchzehe, mit Salz zerstoßen

Die Lachsforelle waschen und trocken tupfen, die Flossen, falls noch vorhanden, mit der Küchenschere abschneiden. Den Fisch innen mit Schokoladensalz, Pfeffer und der gehackten Schokolade auskleiden.

Die Petersilie und Zitronenmelisse waschen und grob hacken. Mit den anderen gehackten Kräutern und der Zitronenschale mischen. Den Fisch damit prall füllen.

Das Eiweiß sehr steif schlagen. Mit dem Mehl, etwas Salz, den Kakao-Nibs und der zerstoßenen Knoblauchzehe vermengen und vorsichtig unter den Eischnee ziehen. Den Backofen auf 220 °C vorheizen.

Ein Backblech mit einem Stück Alufolie oder Backpapier auslegen. Die Hälfte der Eiweißmasse in der Größe der Lachsforelle auf das Blech streichen. Den Fisch darauflegen und mit der restlichen Masse vollständig bedecken. Die Hände anfeuchten und die Salzmasse glatt streichen, sodass der Fisch rundherum ganz bedeckt ist. Den Fisch im Backofen 45 Minuten garen.

Zum Servieren die sehr harte Salzkruste vorsichtig aufschlagen und die Lachsforelle am Tisch tranchieren.

Tipp: Hervorragend schmeckt zu dem Fisch ein Blattsalat mit Kräutern.

Tipp: Auch andere Salmoniden wie Renke, Saibling und Forelle oder ein ganzer Zander lassen sich gut in der Salzkruste garen.

Scampi mit Fenchel im Schokoladenaroma

Weiße Schokolade passt perfekt zu allen Krustentieren, da sie keine Gerbstoffe oder Bitternoten mitbringt.

Zubereitung: 1 Stunde 5 Minuten
Für 4 Personen

Zutaten

16 Scampi mit Schale und Kopf
1 Knolle Fenchel
100 g Zuckerschoten oder grüner Spargel
½ Zwiebel
1 Lorbeerblatt
Salz
frisch gemahlener weißer Pfeffer
150 ml Sahne oder Sauerrahm
Beurre manié (Mehlbutter)
Schokoladensalz
45 g Kakaobutter zum Braten
1 TL Kakao-Nibs
80 g weiße Schokolade, gehackt
1 Schuss Weißwein
½ rote Paprikaschote, gewürfelt
Schnittlauch oder Frühlingszwiebeln, fein geschnitten, zum Garnieren

Für den Karkassenfond die Scampi schälen, am Rücken einschneiden und den Darm entfernen. Die Schalen mit 1 l Wasser langsam aufkochen lassen und den entstehenden Schaum abschöpfen.

Den Fenchel vierteln und den Strunk entfernen. Die Zuckerschoten oder den Spargel putzen beziehungsweise schälen, dann beiseitestellen.

Die entstandenen Gemüseabschnitte, die halbe Zwiebel, das Lorbeerblatt und etwas Salz in den Fond geben und etwa 40 Minuten sachte köcheln lassen. Den Fond durch ein Sieb in einen zweiten Topf gießen, erneut aufkochen lassen und um ⅔ reduzieren. Dann die Sahne oder den Sauerrahm dazugeben. Die Sauce mit der Mehlbutter leicht sämig binden und mit Schokoladensalz abschmecken.

Den Fenchel in Streifen schneiden. In einer Pfanne etwas Kakaobutter zerlassen und den Fenchel darin bei mittlerer Hitze langsam anbraten; etwas Salz dazugeben und alles in eine feuerfeste Auflaufform geben.

In der Pfanne die Sacmpi mit etwas Kakaobutter sanft anbraten. Die Kakao-Nibs und Zuckerschoten hinzufügen, kurz anbraten und zum Fenchel geben.

Die gebundene Sauce unterrühren und nochmals aufkochen. Die weiße Schokolade dazugeben, alles mit Weißwein, Salz und Pfeffer abschmecken, abschließend die Paprikawürfel zugeben. Erneut kurz durchschwenken, über die Scampi geben und mit Schnittlauch oder Frühlingszwiebeln garnieren.

Tipp: Vortrefflich dazu passen angebratene Gnocchi oder al dente gegarte Tagliatelle.

Miesmuscheln mit weißer Safranschokolade

Die klassischen gedünsteten Miesmuscheln neu interpretiert …

Zubereitung: 20 Minuten
Für 4 Personen

Zutaten

1 Zwiebel (100 g), fein gewürfelt
2 Knoblauchzehen, gehackt
300–500 g feine Gemüsewürfel oder -streifen (etwa Karotten, Sellerie, grüne und rote Paprikaschoten)
3 kg Bouchot-Muscheln (oder andere Miesmuscheln), geputzt und gewaschen
1–2 EL Butter
500 ml trockener Weißwein
50 g weiße Safranschokolade, gehackt
Schokoladensalz
frisch und grob gemahlener weißer Pfeffer
100 ml Sahne
3 EL fein gehackte Kräuter (etwa Petersilie, Estragon, Kerbel)

Die Zwiebel schälen und fein würfeln. Den Knoblauch schälen und hacken. Das Gemüse waschen, putzen und in feine Würfel oder Streifen schneiden. Die Muscheln unter fließendem kaltem Wasser waschen, Sand und sonstige Reste entfernen, säubern.

In einem großen Topf die Butter erhitzen. Die Zwiebelwürfel, den Knoblauch und die Gemüsewürfel darin kurz anschwitzen, mit dem Weißwein und etwas Wasser aufgießen. Kurz aufkochen lassen. Den Sud mit der Schokolade, etwas Schokoladensalz und weißem Pfeffer abschmecken.

Die Muscheln dazugeben. Den Deckel auflegen und alles kräftig aufkochen lassen.

Die Sahne und ¾ der Kräuter zu den Muscheln geben. Nochmals zugedeckt aufkochen. Jetzt sollten sich die Muscheln geöffnet haben. Alles kurz durchrühren, mit den restlichen Kräutern bestreuen und mit Weiß- oder kräftigem Holzofenbrot zum Auftunken des Suds servieren.

Tipp: Anstelle der Safranschokolade weiße Schokolade und echte Safranfäden verwenden.

Frisch-würziger Fischtopf mit Tomaten

Der Fokus liegt bei diesem Gericht auf Galgant, während Zitronengras und Sternanis dem reduzierten Fond ihr Aroma geben.

Zubereitung: 30 Minuten
Für 4 Personen

Zutaten

3 Stiele Zitronengras
400 ml Fischfond
5 Sternanis
50 g Galgant
1–2 EL Limettensaft
700 g Seelachsfilet
Salz
frisch gemahlener schwarzer Pfeffer
1 Bund Frühlingszwiebeln
2 Knoblauchzehen
500 g Kirschtomaten
2 EL Rapsöl
400 ml Kokosmilch
Cayennepfeffer, nach Belieben
Basmatireis zum Servieren

Von den unteren verdickten Enden des Zitronengrases die äußeren harten Blätter entfernen, das Innere in Scheiben schneiden. Den Fischfond mit Zitronengras und Sternanis aufkochen und auf ⅓ reduzieren.

Unterdessen den Galgant schälen, reiben und mit 1 EL Limettensaft mischen. Das Fischfilet kalt abbrausen, trocken tupfen und in mundgerechte Stücke schneiden. Salzen, pfeffern und mit der Galgantpaste mischen. Den Fisch zugedeckt in den Kühlschrank stellen und bis zur weiteren Verwendung marinieren.

Die Frühlingszwiebeln putzen. Die weißen und grünen Teile getrennt in Ringe schneiden. Den Knoblauch schälen und hacken. Die Kirschtomaten kurz blanchieren, enthäuten und halbieren; Samen und Stielansätze entfernen.

Das Öl in einem Wok erhitzen. Die weißen Zwiebelringe und den Knoblauch dazugeben und kurz unter Rühren braten. Die Tomaten hinzufügen und 1 weitere Minute braten. Den reduzierten Fond durch ein Sieb gießen und die Tomaten damit ablöschen. Die Kokosmilch angießen, aufkochen und etwa 5 Minuten köcheln lassen, bis die Sauce sämig wird. Die Fischwürfel mitsamt der Marinade in die heiße, nicht mehr kochende Sauce geben und in 5 Minuten gar ziehen lassen.

Die Sauce mit Salz, Pfeffer und eventuell noch etwas Limettensaft abschmecken. Nach Belieben mit wenig Cayennepfeffer schärfer würzen. Mit dem Zwiebelgrün bestreuen und mit Basmatireis servieren.

Gelbe Linsen mit Wildreis und Jakobsmuscheln

Der Sauerrahm macht die kernige Linsen-Wildreis-Mischung schön cremig.

Zubereitung: 1 Stunde
Für 4 Personen

Zutaten

150 g Wildreis
150 g gelbe Linsen
12 Jakobsmuscheln
Salz
2 Zwiebeln
2 Karotten
2–3 EL Olivenöl
1–2 TL Zucker
350 ml Gemüsebrühe
schwarzer Pfeffer aus der Mühle
200 g Sauerrahm
1 EL alter Balsamessig
2 EL Butter
Saft von ¼ Zitrone
Öl zum Braten

Den Wildreis kalt abspülen, dann in einem Topf mit 1 l gesalzenem Wasser aufkochen. Die Temperatur reduzieren, den Deckel auflegen und den Wildreis darin 20–30 Minuten sanft garen. Überschüssiges Kochwasser abgießen.

Die Zwiebeln und Karotten schälen, fein würfeln und in einer Pfanne mit 1 EL Olivenöl anschwitzen. Mit Zucker bestreuen und 1 Minute weiterbraten, mit der Brühe ablöschen und alles aufkochen. Die Linsen zum Gemüse geben. Mit Salz und Pfeffer abschmecken. Das Ganze halb zugedeckt bei geringer Temperatur etwa 8 Minuten ziehen lassen. Den gegarten Wildreis dazugeben und nochmals ziehen lassen, bis das Kochwasser fast vollständig aufgesogen ist. Mit dem Sauerrahm mischen und mit Salz, Pfeffer, Balsamessig und dem restlichen Olivenöl abschmecken. Warm beiseitestellen.

Die Jakobsmuscheln unter fließendem kaltem Wasser waschen, trocken tupfen und mit Salz und Pfeffer bestreuen. In einer Pfanne mit 2 EL Öl von beiden Seiten scharf anbraten. Die Temperatur reduzieren, dann die Butter und den Zitronensaft dazugeben. Die Muscheln 1–2 Minuten sanft nachbraten. Mit dem Linsenwildreis servieren.

Orangenseeteufel auf schwarzen Fenchellinsen

Orangen und Fenchel harmonieren großartig mit den zarten Seeteufelfilets.

Zubereitung: 2 Stunden Minuten plus
12 Stunden zum Einweichen
Für 4 Personen

Zutaten

Für die Fenchellinsen

250 g Belugalinsen
2 Fenchelknollen
2 EL Olivenöl
Salz
frisch gemahlener schwarzer Pfeffer
Zucker
100 ml Weißwein
250 ml Gemüsebrühe
150 g geschlagene Sahne

Für den Seeteufel

3 Knoblauchzehen
2 Seeteufelfilets (à ca. 400 g)
Saft von ½ Zitrone
Salz
frisch gemahlener schwarzer Pfeffer
Olivenöl
2 Zweige Estragon
Saft und Schale von 1 unbehandelten Orange
100 g braune Butter

In einem Topf die Linsen in 1 l Wasser bei halb aufgelegtem Deckel 30–40 Minuten leise köcheln lassen. Unterdessen von den Fenchelknollen das Grün abschneiden und beiseitelegen. Die holzigen Stiele und Blätter abschneiden. Die Knollen halbieren, den Strunk entfernen. Die Fenchelknollen waschen, fein würfeln.

In einer Pfanne mit erhitztem Olivenöl die Fenchelwürfel scharf anbraten Die Temperatur reduzieren und 2 Minuten weiterbraten, mit Salz und Pfeffer sowie 1 Prise Zucker bestreuen. Nochmals umrühren und mit dem Wein ablöschen, dann die Brühe angießen. Die Linsen dazugeben und aufkochen. Das Ganze 15 Minuten köcheln, die Flüssigkeit soll dabei fast vollständig verkochen.

Für den Seeteufel den Knoblauch schälen und leicht andrücken. Die Fischfilets kalt waschen, trocken tupfen, mit Zitronensaft beträufeln und mit Salz und Pfeffer bestreuen.

Den Backofen auf 150–160 °C vorheizen. Die Knoblauchzehen sowie die gewaschenen Estragonzweige in heißem Olivenöl gemeinsam mit den Seeteufelfilets anbraten. Den Fisch auf ein gefettetes, tiefes Backblech legen. Die Orangenschale darüber verteilen, mit Orangensaft und 2 EL Olivenöl beträufeln. Den Fisch im Backofen 15–20 Minuten ziehen lassen, zwischendurch mit Olivenöl beträufeln.

Die Fenchellinsen erwärmen und die geschlagene Sahne unterrühren, mit Salz und Pfeffer abschmecken. Das Fenchelgrün waschen, trocken schütteln und fein schneiden. Die Seeteufelfilets aus dem Ofen nehmen, in Stücke schneiden. Mit Fenchelgrün bestreuen und mit Fenchellinsen und brauner Butter servieren.

Sushi

Zubereitung: 1 Stunde plus 30 Minuten zum Kühlen
Ergibt 3 Sushirollen, siehe Bild links

Zutaten

4 EL japanischer Reisessig | 2 EL Zucker | ½ TL Salz
300 g Rundkornreis
3 Noriblätter | ½ Avocado | 1 rote Paprikaschote
100 g ganz frisches Zanderfilet
½ Bund Koriander | 2 TL Wasabipaste
150 ml Sojasauce | 2 EL eingelegter Ingwer
2 Zweige Kerbel

Für den Sushireis den Reisessig, Zucker und ½ TL Salz aufkochen, vom Herd nehmen und abkühlen lassen. Den Reis waschen, in ein Sieb geben, dann mit 330 ml Wasser in einem Topf zugedeckt zum Kochen bringen. 5 Minuten sprudelnd kochen, bei reduzierter Temperatur weitere 10 Minuten köcheln lassen. Vom Herd nehmen, 10 Minuten zugedeckt quellen lassen. In eine Schüssel geben und nach und nach die Essigmischung unterrühren. Abkühlen lassen.

Das Fruchtfleisch der Avocado und die Paprikaschote in bleistiftdicke, längliche Streifen schneiden. Das Fischfilet bei Bedarf von der Haut und ebenfalls in Streifen schneiden. Den Koriander waschen, trocken schütteln und fein schneiden.

Die Noriblätter auf einer Bambusmatte mit der glänzenden Seite nach unten nebeneinander ausbreiten. Die Hände anfeuchten und je kleine 1 Handvoll Reis auf einem Noriblatt verteilen. So flach drücken, dass oben noch 1 cm des Noriblatts zu sehen ist. In der Mitte des Reisbettes der Länge nach etwas Wasabi aufstreichen. Darauf Avocado, Paprika, Zander und Koriander geben.

Die Bambusmatte unten anheben, die Sushirollen vorsichtig aufrollen. Mit den Händen in Form bringen und zugedeckt 30 Minuten kühl stellen. Zum Servieren in 2 cm breite Stücke schneiden. Mit dem eingelegten Ingwer, der Sojasauce, Kerbelblättchen und der restlichen Wasabipaste servieren.

Sushi-Bällchen mit Lachs und Gurke

Zubereitung: 25 Minuten plus einige Stunden zum Kühlen
Ergibt 20–30 Stück

Zutaten

50 g Räucherlachs am Stück
½ Gurke
½ Rezept Sushireis (siehe links)
Sojasauce
eingelegter Ingwer
Wasabipaste

Den Lachs in sehr dünne und etwa briefmarkengroße Stücke schneiden. Die Gurke schälen, der Länge nach dünn aufschneiden und in ebenso große Stücke schneiden.

Ein Stück Klarsichtfolie (10 × 10 cm) auf die Arbeitsfläche legen und in die Mitte 1 Stück Lachs setzen. 1 TL Sushireis mit angefeuchteten Händen zu einer lockeren Kugel formen und daraufgeben. Die Folienecken nach oben nehmen und die Folie wie einen Beutel fest zusammendrehen. Dabei soll der Reis mit dem Lachs zusammengedrückt werden.

Auf diese Weise etwa 15 Bällchen mit Lachs und Gurke formen. Die Bällchen für einige Stunden in den Kühlschrank legen und mit Sojasauce, eingelegtem Ingwer und etwas Wasabipaste servieren.

Nem

Zubereitung: 35 Minuten
Ergibt 16 Rollen

Zutaten

16 Blätter Reispapier (Ø 20 cm)

Für die Nudeln

30 g Glasnudeln
Salz
1 TL Sesamöl

Für die Füllung

400 g Garnelen
1 Knoblauchzehe
2 Stangen Thai-Frühlingszwiebeln
½ rote Chilischote
je 1 EL salzige und süße Sojasauce
1 TL Fischsauce

Für den Salat

1 Kopfsalat
½ Bund Thai-Basilikum
½ Bund Koriander
½ Bund Minze

Außerdem

1 TL Speisestärke
Pflanzenöl zum Ausbacken

Die Glasnudeln in kochendem Salzwasser 6 Minuten kochen, abgießen und kurz mit kaltem Wasser abschrecken. Mit dem Sesamöl vermengen.

Für die Füllung die Garnelen kalt abwaschen, pulen, halbieren und den Darm entfernen. Das Fleisch etwas zerkleinern. Den Knoblauch schälen und fein hacken. Die Frühlingszwiebeln in feine Ringe schneiden. Die Chilischote entkernen und das Fruchtfleisch ebenfalls sehr fein hacken. Die Garnelen mit dem Knoblauch, den Frühlingszwiebeln und der Chilischote vermengen und mit salziger und süßer Sojasauce sowie mit der Fischsauce verrühren.

Den Kopfsalat entblättern, waschen und trocken schleudern. Die Kräuterblätter waschen, trocken schütteln und mit den Salatblättern auf einem großen Teller oder einer Platte anrichten. Mit einem feuchten Tuch bedecken und bis zum Servieren kalt stellen.

Jedes Reispapierblatt 1–2 Minuten in lauwarmem Wasser einweichen, dann auf einer Arbeitsplatte ausbreiten. Die Speisestärke mit etwas Wasser glatt rühren und die Ränder der Reispapierblätter dünn damit bestreichen. In die Mitte der Teigstücke jeweils 2–3 TL der Garnelenfüllung und einige Glasnudeln geben. Dabei an den Seiten einen 2 cm breiten Rand lassen. Die Teigränder links und rechts jeweils zur Mitte hin umklappen und jedes Teigstück möglichst fest zu einer Rolle einrollen. Diese etwas antrocknen lassen.

Das Pflanzenöl in einem großen Topf auf 200 °C erhitzen. Die Rollen darin einige Minuten ausbacken, mit einer Schaumkelle herausnehmen und auf Küchenpapier entfetten. (Vorsicht: Die Rollen können platzen und das heiße Fett kann spritzen. Halten Sie deshalb etwas Abstand!)

Tipp: Die knusprig ausgebackenen Sommerrollen werden heiß mit Salatblättern und frischen Kräutern serviert und erst am Tisch darin eingepackt. Als Dip eignen sich süße Sojasauce, süßscharfe Orangensauce und Teriyakisauce (aus dem Asialaden).

Seeteufel im Bananenblatt

Eine tolle »Paketüberraschung« für Gäste

Zubereitung: 30 Minuten plus 30 Minuten zum Marinieren
Ergibt 8 Päckchen

Zutaten

Für die Marinade

10 g Ingwer
3 Knoblauchzehen
1 rote Chilischote
Saft und Schale von ½ unbehandelten Limette
6 EL Sesamöl
2 EL Fischsauce
1 Bund Koriander

8 Bananenblätter (Ø 20 cm, aus dem Asialaden)
800 g Seeteufelfilet

Für die Marinade den Ingwer und Knoblauch schälen, beides fein zerreiben. Die Chilischote waschen, der Länge nach halbieren, die Samen herausschaben und das Fruchtfleisch fein hacken. Den Ingwer, Knoblauch und die Chilischote mit Limettensaft und -schale, Sesamöl und Fischsauce vermischen. Die Korianderblätter hacken und ebenfalls zur Marinade geben.

Den Seeteufel in 8 gleich große Medaillons teilen und mindestens 30 Minuten in der Marinade ziehen lassen. Die Bananenblätter über der Flamme des Gasherds oder in kochendem Wasser erwärmen, damit sie biegsamer sind.

Die Seeteufelmedaillons abtupfen und auf je 1 Bananenblatt setzen. Die Blätter wie ein Päckchen über dem Fisch zusammenfalten und mit Zahnstochern fixieren.

Die Päckchen vorsichtig in einen großen Dämpfeinsatz legen und zugedeckt über kochendem Wasser 12–15 Minuten garen.

Tipp: Der Seeteufel bleibt im Bananenblatt zart und saftig. Erdnusssauce oder Teriyakisauce (aus dem Asialaden) passen dazu.

Calamares mit roten Linsen und Ras el Hanout

Zubereitung: 1 Stunde
Für 4 Personen

Zutaten

Für die Füllung

3 Schalotten
100 g rote Linsen
1 Zweig Rosmarin
Salz
100 g Frischkäse
100 g Blattspinat (TK-Ware)
2 Zweige Thymian
4 Knoblauchzehen
2 Sardellen
1 Msp. Ras el Hanout
1 EL Zitronensaft
frisch gemahlener schwarzer Pfeffer

8–10 küchenfertige Calamares
600 g reife Tomaten
2 EL Olivenöl

Für die Füllung 1 Schalotte schälen, vierteln und mit den Linsen und dem Rosmarinzweig in Salzwasser aufkochen. Die Linsen in etwa 15 Minuten weich kochen, durch ein Sieb abseihen, das Kochwasser auffangen und den Rosmarinzweig entfernen. Die abgekühlten Linsen mit dem Frischkäse in einer Küchenmaschine pürieren.

Den aufgetauten Blattspinat gut ausdrücken, die Thymianblätter abzupfen, 2 der Knoblauchzehen schälen, die Sardellen fein hacken. Alles unter das Linsenpüree rühren. Mit Ras el Hanout, Zitronensaft, Salz und Pfeffer abschmecken.

Die Calamares trocken tupfen, zu ¾ mit der Füllung füllen und mit einem Zahnstocher verschließen.

Die Tomaten grob würfeln, den restlichen Knoblauch und 2 Schalotten schälen, alles fein hacken. In einem Bräter das Olivenöl erhitzen und die Calamares von allen Seiten anbraten.

Die Schalotten und den Knoblauch dazugeben und leicht anbraten. Die Tomaten und 200 ml Wasser hinzufügen, Salz und Pfeffer darüberstreuen, alles aufkochen. Dann 20 Minuten zugedeckt schmoren lassen. Anschließend den Deckel abnehmen und die Calamares weitere 10 Minuten schmoren und die Tomatensauce etwas einkochen lassen. Nochmals pikant abschmecken.

STAUB

Schwertfisch-Involtini

Zubereitung: 45 Minuten
Ergibt 8 Involtini, siehe Bild rechts

Zutaten

Für die Füllung

2 Knoblauchzehen | 1 Bund Basilikum
6 schwarze Oliven ohne Stein
3 Tomaten | 6 EL Semmelbrösel
Abrieb von ⅛ unbehandelten Zitrone
1 Msp. Chilipulver
frisch gemahlenes grobes Meersalz

8 Schwertfischsteaks ohne Haut (dünn geschnitten)
Salz | frisch gemahlener Pfeffer | Saft von ½ Zitrone
1 EL Butter | 1 EL Pinienkerne | 3–4 EL Olivenöl

- Für die Füllung den Knoblauch schälen und zerdrücken. Basilikum waschen und trocken schütteln. 10 Blätter beiseitelegen, die restlichen fein schneiden. Die Oliven fein hacken. Die Tomaten waschen, vierteln, die Kerne entfernen, das Fruchtfleisch fein würfeln. Dann Knoblauch, Basilikum, Oliven, 4 EL Semmelbrösel, die Tomatenwürfel von 3 Tomaten, Zitronenabrieb und Chilipulver verrühren. Mit Meersalz abschmecken.

- Die Schwertfischsteaks in Salz, Pfeffer und der Hälfte des Zitronensafts marinieren. In der Mitte 2–3 EL der Füllung platzieren. Die langen Seiten etwa 1 cm über die Füllung schlagen, jedes Schwertfischsteak von der kurzen Seite fest einrollen. Mit je 1 Zahnstocher fixieren.

- Den Backofen auf 180 °C vorheizen. Eine Auflaufform mit Butter einfetten, die Schwertfischröllchen hineinsetzen. Die restlichen Tomatenwürfel dazugeben.

- Die Pinienkerne hacken, die restlichen Basilikumblätter fein schneiden, alles mit 2 EL Semmelbröseln vermischen. Die Kräuterbrösel über die Röllchen streuen, das Olivenöl darübergießen. Salz, Pfeffer und den restlichen Zitronensaft dazugeben. Die Involtini 10–15 Minuten im vorgeheizten Backofen backen.

Seezunge mit Salbei

Zubereitung: 25 Minuten
Ergibt 8 Röllchen

Zutaten

Filets von 1 Seezunge
Salz
frisch gemahlener schwarzer Pfeffer
Saft von ½ Zitrone
8 Salbeiblätter plus 12 Salbeiblätter für die Sauce
1 Knoblauchzehe
12 getrocknete, in Öl eingelegte Tomaten
2 EL Butter
100 ml Fischfond

- Die Seezungenfilets in 8 schmale Streifen schneiden. Salz, Pfeffer und Zitronensaft daraufgeben.

- Die Salbeiblätter waschen und trocken schütteln, den Knoblauch schälen und in Scheiben schneiden. Die Seezungenfilets mit je 1 Salbeiblatt, etwas Knoblauch und 1 getrockneten Tomate einrollen.

- Je 2 Röllchen auf einen Spieß stecken und in einer Pfanne mit 1 EL erhitzter Butter von allen Seiten braten. Die Hitze reduzieren, den Fischfond angießen und die Spieße darin 5–7 Minuten gar ziehen lassen (sie sollen nicht kochen).

- Den restlichen Salbei und die Tomaten fein hacken, in der restlichen Butter leicht bräunen und über die abgetropften Seezungenröllchen geben.

Marinierte Heringsröllchen

Zubereitung:30 Minuten plus 4 Stunden zum Marinieren
Ergibt 8 Röllchen, siehe Bild links

Zutaten

Für die Füllung
2 kleine Rote Beten | Salz
1 großer Apfel
2 rote Zwiebeln
4 Doppelfilets Matjeshering
4 TL Senf

Für die Marinade
500 ml Weißwein
400 ml heller Balsamessig
3 EL Fenchelsaat
1 TL schwarze Pfefferkörner
1 EL Senfkörner
½ TL Piment

Für die Füllung die Rote-Bete-Knollen in kochendem Salzwasser weich garen, leicht abkühlen lassen, dann schälen und in bleistiftdicke Stifte schneiden. Den Apfel schälen, das Kerngehäuse entfernen und das Fruchtfleisch in ebenso große Stifte schneiden. Die Zwiebeln schälen. Eine Zwiebel beiseitelegen, die andere in feine Ringe schneiden.

Die Heringsfilets längs halbieren. Die Innenseite der Heringsfilets mit Senf bestreichen und die Roten Beten, den Apfel und die Zwiebelringe darauf verteilen. Die Filets einrollen, mit Zahnstochern fixieren und in eine flache Auflaufform oder ein Gefäß schichten.

Für die Marinade die zweite Zwiebel vierteln und mit dem Wein, Balsamessig, 100 ml Wasser und den Gewürzen aufkochen. Das Ganze 5 Minuten köcheln, dann den Sud etwas abkühlen lassen und über die Matjesheringe gießen. Diese mit Folie bedeckt 4 Stunden im Kühlschrank marinieren.

Thunfisch-Zitronengras-Spieße

Zubereitung: 20 Minuten
Ergibt 6 Spieße

Zutaten

Für den Dip
400 g Strauchtomaten
3 Frühlingszwiebeln
3 EL Ketchup
1– 2 EL Zitronensaft
Salz
Cayennepfeffer

6 Stängel Zitronengras
600 g sehr frischer Thunfisch
3 EL Olivenöl
frisch gemahlener schwarzer Pfeffer

Für den Dip die Tomaten in kochendem Wasser 30 Sekunden blanchieren und kalt abschrecken. Die Tomaten enthäuten, die Kerne entfernen und das Fruchtfleisch in feine Würfel schneiden. Die Frühlingszwiebeln putzen, waschen, in feine Ringe schneiden und mit Tomatenwürfeln, Ketchup, Zitronensaft, Salz und Cayennepfeffer verrühren.

Für die Spieße die äußere Schale der Zitronengrasstängel entfernen und die Stängel mit dem Rucken eines Kochmessers rundherum etwas klopfen, damit sich das Aroma entfalten kann. Den Thunfisch in 3–4 cm große Stücke schneiden und auf die Stängel spießen.

Die Spieße in einer Pfanne mit erhitztem Öl auf jeder Seite 1–2 Minuten braten. Salzen, pfeffern und mit dem Tomatendip servieren.

Tipp: Der Thunfisch muss im Kern noch rosa sein, sonst ist er zu trocken.

Wildlachs gefüllt mit Nüssen, Orange und Kresse

Zubereitung: 20 Minuten
Ergibt 6 Päckchen, siehe Bild links

Zutaten

Für die Füllung
50 g gemischte Nüsse
100 g Hüttenkäse
100 g Frischkäse
Salz
frisch gemahlener schwarzer Pfeffer
1 Msp. gemahlener Koriander
je 1 Spritzer Zitronen- und Orangensaft, frisch gepresst
Abrieb von ⅛ unbehandelten Orange
1 Kästchen Mizuna-Kresse
12 Scheiben gebeizter Wildlachs
1 Bund Schnittlauch

Für die Füllung in einer Pfanne ohne Fett die Nüsse rösten. 1 EL davon fein hacken und beiseitelegen. Die restlichen Nüsse in der Küchenmaschine mahlen und mit dem Hüttenkäse und dem Frischkäse mischen. Mit Salz, Pfeffer, Koriander, Zitronen- und Orangensaft sowie mit Orangenabrieb abschmecken. Die Kresseblättchen abschneiden und unterrühren.

Je 2 Wildlachsscheiben überlappend nebeneinanderlegen, 1–2 EL der Füllung daraufgeben. Dann zuerst die Seiten zur Mitte hin über die Füllung schlagen und anschließend von unten fest aufrollen.

Den Schnittlauch waschen, kurz mit kochendem Wasser überbrühen (damit er zum Binden verwendet werden kann) und trocken schütteln. Die Wildlachspäckchen mit Schnittlauchhalmen verschnüren und mit den restlichen Nüssen bestreuen.

Lachsröllchen mit pikanter Quarkfüllung

Der Kräuterquark mit Meerrettich harmoniert perfekt mit dem Raucharoma vom Lachs.

Zubereitung: 45 Minuten
Für 12 Röllchen

Zutaten

12 große Scheiben Räucherlachs
250 g Quark (Magerstufe)
1 Bund Dill
1 Kästchen Kresse
30 g frischer Meerrettich
1 EL Zitronensaft
Salz
Pfeffer
12 Halme Schnittlauch
3 unbehandelte Zitronen

Den Quark in einem Tuch leicht ausdrücken. Den Dill waschen und trocken schütteln, bis auf ein paar Stängel fein schneiden. Die Kresse abschneiden. Den Meerrettich schälen und fein reiben. Dill, Kresse und den Großteil vom Meerrettich mit dem Quark, dem Zitronensaft, Salz und Pfeffer verrühren.

Die Lachsscheiben nebeneinanderlegen. Den Kräuterquark in einen Spritzbeutel mit dünner Lochtülle füllen und einen schmalen Streifen jeweils auf eine Längsseite jeder Lachsscheibe spritzen. Von der Längsseite aufrollen und mit Schnittlauchhalmen zusammenbinden.

Die Zitronen heiß waschen und in dünne Scheiben schneiden. Jedes Lachsröllchen auf eine Zitronenscheibe setzen und mit dem übrigen Meerrettich und beiseitegelegten Dill garnieren.

Zander mit Birnen, Gartenbohnen und Speck

Ein Klassiker der norddeutschen Küche

Zubereitung: 1 Stunde 10 Minuten
Für 4 Personen

Zutaten

Für die Sauce

1 Zwiebel
2 EL Butter plus Butter für die Form
Salz
1 TL Zucker
100 ml Weißwein
200 ml Fischfond
250 g Sahne

2–3 Augustbirnen
1 EL Honig
Saft von 1 Zitrone
2 EL Walnussöl
500 g Gartenbohnen
100 g Speck
2 Schalotten
4 Zanderfilets (à 170–180 g; mit Haut)
frisch gemahlener schwarzer Pfeffer
einige Zweige Estragon
40 g kalte Butter für die Sauce
Öl zum Braten

Für die Sauce die Zwiebel schälen und fein würfeln, in 1 EL Butter anschwitzen. Mit Salz und Zucker bestreuen, 1 Minute braten. Mit dem Wein ablöschen und mit Fischfond aufgießen. Leise köcheln, bis die Flüssigkeit auf die Hälfte reduziert ist. Die Sahne zugießen, aufkochen und die Sauce beiseitestellen.

Den Backofen auf 200 °C vorheizen. Die Birnen waschen, vierteln, entkernen und mit den Schnittflächen nach oben in eine gebutterte Auflaufform setzen. Mit dem Honig, der Hälfte des Zitronensafts und dem Walnussöl beträufeln. Auf der oberen Schiene im Backofen 10–12 Minuten karamellisieren.

Die Bohnen waschen, putzen und in 1,5 l gesalzenem Wasser 8–10 Minuten blanchieren. Abseihen und kurz kalt abschrecken. Den Speck würfeln und in einer Pfanne ohne Fett kross braten. Die Schalotten schälen, fein würfeln und zum Speck geben, 2 Minuten glasig braten. Die Bohnen hinzufügen und alles 2–3 Minuten braten.

In einer Pfanne 3 EL Öl erhitzen. Die Fischfilets kalt waschen, trocken tupfen, mit Salz, Pfeffer und übrigem Zitronensaft marinieren. Mit der Haut in die heiße Pfanne legen, mit einer zweiten Pfanne beschweren und die Filets kross braten. Vom Herd nehmen, 1 EL Butter und einige gewaschene Estragonzweige hineingeben. Die Filets wenden und 2–3 Minuten in der Butter ziehen lassen.

Die Sauce aufkochen und vom Herd nehmen, kalte Butter dazugeben und alles aufmixen. Den Zander mit Speckbohnen, Birnen und Sauce servieren.

Dorade mit Zitronenbohnen und buntem Gemüse

Doraden sind auch als Goldbrassen bekannt.

Zubereitung: 2 Stunden
plus 12 Stunden zum Einweichen
Für 4 Personen

Zutaten

200 g getrocknete weiße Bohnen
Saft und Abrieb von 2 unbehandelten Zitronen
1 Zweig Zitronenthymian
8 junge Knoblauchzehen
1 Zwiebel
je 4 Zweige Thymian und Rosmarin
4 Doraden (à 350–400 g; küchenfertig)
Salz
8 EL Olivenöl
frisch gemahlener schwarzer Pfeffer
2 Karotten
1 kleiner Brokkoli
200 g Zuckerschoten
2–3 EL Butter
Honig
je 1 Prise Zucker und frisch geriebene Muskatnuss
etwas Gemüsebrühe
Öl zum Braten

Die Bohnen 12 Stunden in kaltem Wasser einweichen, abseihen und abbrausen. Mit 1,2 l Wasser, Zitronenabrieb und -thymian 1 Stunde leise köcheln lassen.

Dann 2 der Knoblauchzehen sowie die Zwiebel schälen, beides fein würfeln, in der heißen Butter farblos anbraten. Den Saft von ½ Zitrone und die Bohnen dazugeben, mit Salz, Pfeffer und Honig abschmecken, Deckel auflegen und warm halten.

Den Backofen auf 180 °C vorheizen. Den restlichen Knoblauch schälen und in Scheiben schneiden. Die Kräuter waschen und trocken schütteln. Den Fisch kalt waschen, trocken tupfen und die Haut auf beiden Seiten einige Male einritzen. Mit Salz, Pfeffer und dem Saft von 1 Zitrone marinieren, mit Knoblauchscheiben und je 1 Thymian- und Rosmarinzweig füllen.

In einer Pfanne mit 4 EL erhitztem Olivenöl die Doraden von beiden Seiten anbraten, dann auf ein mit Backpapier ausgelegtes Backblech legen. Mit dem restlichen Olivenöl beträufelt im Backofen 20–25 Minuten backen.

Die Karotten schälen und in dünne Streifen schneiden. Den Brokkoli in Röschen zerteilen und waschen. Die Zuckerschoten waschen und längs halbieren. Alles in 4 EL Öl anbraten und mit Salz, Zucker und Muskat sowie Zitronensaft abschmecken. Etwas Brühe angießen und das Gemüse schwenken. Die Zitronenbohnen zur Dorade servieren.

Hibiskusreis mit Vanilleforelle und geschmorten Muskattomaten

Ein aufregendes Farbspiel aus violettem Reis, orangefarbenem Fisch und roten Tomaten, wobei der Geschmack an Raffinesse nicht nachsteht

Zubereitung: 1 Stunde 15 Minuten
Für 4 Personen

Zutaten

2 Bourbonvanilleschoten
2 Schalotten
1 dünne Stange Lauch
1 unbehandelte Zitrone
400 ml Fischfond
400 ml Apfelsaft
2 Lorbeerblätter
1 TL schwarze Pfefferkörner
400 g reife Kirschtomaten
2 EL Olivenöl
Salz
frisch gemahlener schwarzer Pfeffer
frisch geriebene Muskatnuss
200 g Basmatireis
1 EL Hibiskuspulver (siehe Seite 276)
4 Lachsforellenfilets à 150 g
40 g eiskalte Butter, in Stückchen geschnitten

Die Vanilleschoten längs halbieren und das Mark herauskratzen. Die Schalotten schälen und längs vierteln. Den Lauch putzen und in Ringe schneiden. Die Zitrone heiß waschen und abtrocknen, die Schale ohne das Weiße in Streifen abschälen (am besten mit einem Zestenreißer).

In einem Topf den Fischfond mit dem Apfelsaft, Vanillemark und den -schoten, Schalotten, dem Lauch, Zitronenabrieb, Lorbeer und den Pfefferkörnern aufkochen. Das Ganze zugedeckt bei geringer Temperatur 15 Minuten köcheln lassen.

Für die Muskattomaten den Ofen auf 90 °C vorheizen. Die Kirschtomaten waschen, halbieren, die Stielansätze entfernen. Die Tomaten im Öl 5–7 Minuten sanft braten, bis sie weich sind, aber noch ihre Form behalten. Salzen, pfeffern, mit Muskatnuss bestreuen und im Ofen warm halten.

Den Reis mit dem Hibiskuspulver mischen und mit 500 ml leicht gesalzenem Wasser aufkochen. Zugedeckt bei geringer Hitze etwa 13 Minuten (oder nach Packungsangabe) garen.

Die Fischfilets kalt abbrausen, trocken tupfen und eventuell vorhandene Gräten herausziehen. In den heißen, aber keinesfalls kochenden Fond legen und in etwa 5 Minuten gar ziehen lassen. Herausheben, salzen und pfeffern und im Ofen warm halten. Den Fond durch ein Sieb gießen und bei starker Hitze auf rund 200 ml einkochen. Die kalte Butter nach und nach unterschlagen, die Sauce eventuell etwas salzen und aufschäumen.

Den Reis mit den Forellenfilets und den Tomaten auf vier Teller verteilen und mit etwas Sauce beträufeln.

Kräuterforelle

Geniale Leichtigkeit gepaart mit dem Geschmack von Zitrone und Kräutern

Zubereitung: 70 Minuten
Für 4 Personen

Zutaten

3 Stängel Rosmarin
2 Stängel Salbei
800 g festkochende Kartoffeln
Meersalz
2 Stängel Petersilie
2 Stängel Estragon
1 Knoblauchzehe
125 g Butter
2 EL Weißwein
Abrieb und Saft von 1 unbehandelten Zitrone
Kräutersalz
Zitronenpfeffer
½ TL Chiliflocken
einige Tropfen Worcestersauce
8 kleine Forellenfilets (mit Haut)

Für die gebackenen Kartoffeln den Rosmarin und Salbei waschen, trocken tupfen und die Nadeln oder Blätter abzupfen. Die Kartoffeln waschen, halbieren, auf ein mit Backpapier ausgelegtes Backblech geben, dann mit den Rosmarinnadeln, Salbeiblättern sowie etwas Salz bestreuen. Im vorgeheizten Backofen bei 180 °C etwa 45 Minuten garen.

Für die Kräuterbutter die Petersilie und den Estragon waschen, trocken tupfen und fein hacken. Den Knoblauch schälen und zerdrücken. Die Butter mit den gehackten Kräutern, dem Knoblauch, Weißwein, Zitronenabrieb und -saft glatt rühren, anschließend mit den Gewürzen abschmecken.

Auf der Arbeitsfläche 1 Stück Alufolie ausrollen und 1 EL der Kräuterbutter darauf verstreichen. Die Forellenfilets waschen, trocken tupfen und nebeneinander mit der Hautseite nach unten auf die Folie legen. Die Kräuterbutter auf den Filets verteilen und die Folie über den Forellenfilets zusammenfalten. Die Filets so 15 Minuten vor Ende der Garzeit zu den Kartoffeln in den Backofen geben und mitgaren.

Anschließend den Backofen ausschalten und die Forellenfilets noch 5 Minuten nachziehen lassen. Vorsichtig aus der Folie nehmen und auf Tellern mit flüssiger Kräuterbutter übergossen und mit gebackenen Kartoffeln servieren.

Gepfefferter Rotbarsch mit Milchschokolade

Milchschokolade aus Arriba-Kakao (42 % Kakaogehalt) schmeckt kräftig nach Kakao, ohne dabei zu süß oder zu kakaolastig zu sein.

Zubereitung: 50 Minuten
Für 4 Personen

Zutaten

4 Rotbarschfilets à 175 g
Salz
½ EL schwarze Pfefferkörner (Sarawak)
½ EL roter Pondicherrypfeffer, leicht zerdrückt
150 g Butter
125 ml Weißwein
175 ml Hühner- oder Kalbsbrühe
300 g grüne Bohnen
25 g Mehl
150 ml Sahne
40 g Milchschokolade (42 % Kakaogehalt; Arriba-Kakao)
Petersilie, zum Garnieren
1 rote Paprikaschote, in feine Streifen geschnitten, zum Garnieren

Die Fischfilets unter fließendem kaltem Wasser abspülen, dann trocken tupfen. Auf beiden Seiten mit Salz einreiben und einseitig mit der Hälfte der beiden Pfeffersorten bestreuen.

In einer beschichteten Pfanne, die beide Filets nebeneinander aufnehmen kann, 125 g der Butter zerlassen. Den Fisch mit der gepfefferten Seite nach unten hineinlegen und die Oberseite mit dem restlichen Pfeffer bestreuen. Die Filets 7 Minuten braten, dabei einmal wenden. Mit einem Bratenheber herausnehmen, auf eine Servierplatte legen und warm stellen.

Den Bratensatz in der Pfanne mit Wein und Brühe ablöschen und etwas reduzieren lassen. Die grünen Bohnen etwa 4–6 Minuten in kochendem, gesalzenem Wasser blanchieren.

Die restliche Butter mit dem Mehl zu einer Beurre manié (Mehlbutter) verkneten. Die Sauce in der Pfanne aufkochen und die Beurre manié hinzufügen. Die Sauce unter ständigem Rühren eindicken lassen. Die Sahne und Schokolade hinzufügen, dann die Sauce unter Rühren noch 1 Minute köcheln lassen.

Den Fisch mit der Sauce anrichten. Mit Petersilie, grünen Bohnen und den Paprikastreifen garnieren und servieren.

Tipp: Als Beilage zu diesem Gericht empfehlen sich Reis oder Nudeln.

Steckrüben-Fisch-Curry

Die traditionell deutschen Steckrüben verbinden sich ganz harmonisch mit den Aromen der thailändischen Curryzutaten.

Zubereitung: 40 Minuten
Für 4 Personen

Zutaten

400 g Fischfilet (vom Kabeljau oder Seelachs)
3 EL Fischsauce
500 g Steckrüben (geputzt 400 g)
1 große rote Chilischote
1 Dose Kokosmilch (400 ml; Dose nicht schütteln)
2 EL gelbe Currypaste (aus dem Asialaden)
1 TL Zucker
5 Kaffirlimettenblätter
1–2 EL Limettensaft

Das Fischfilet unter fließendem kaltem Wasser waschen, abtrocknen und in 2 cm große Würfel schneiden. Mit 2 EL Fischsauce beträufeln, anschließend beiseitestellen.

Die Steckrüben schälen und in 1 cm große Würfel schneiden. Die Chilischote waschen, längs aufschneiden, die Kerne und weißen Häutchen entfernen und die Hälften in feine Streifen schneiden.

Von der Kokossahne – dem dicken Teil, der sich in der ungeschüttelten Kokosmilchdose oben absetzt – 4 EL abnehmen und in den Wok (oder eine Schmorpfanne) geben. Bei mittlerer Hitze erwärmen, bis die Kokossahne sprudelnd kocht. Die Currypaste sorgfältig unterrühren und bei mittlerer Hitze etwa 2 Minuten ohne Rühren braten, bis sich an der Oberfläche kleine Löcher bilden, aus denen gelbes Öl austritt.

Die Steckrüben, die restliche Kokosmilch sowie den Zucker dazugeben. Die Limettenblätter waschen, die Ränder mehrfach einreißen und hinzufügen. Das Curry aufkochen und bei mittlerer Hitze etwa 10 Minuten kochen lassen, bis die Steckrüben fast gar sind.

Die Fischwürfel und die Chilistreifen unterrühren und das Curry weitere 3 Minuten bei schwacher Hitze köcheln lassen. Mit Limettensaft und der restlichen Fischsauce abschmecken. Dazu schmeckt Basmatireis oder thailändischer Duftreis.

Desserts

Eines darf für Naschkatzen nicht fehlen: der süße Abschluss. Auch einige vegane Kreationen sind in diesem letzten Kapitel zu finden: Probieren Sie doch einfach mal die absolut »tierfreie« Ernährung. Sie werden überrascht sein, wie frisch und einfach die Rezepte daherkommen. So sind auch Blaubeer-Lupinen-Küchlein (Bild Seite 254, Rezept folgende Seite) eine schöne Abwechslung auf dem Desserteller.

Papadam mit Früchten

Die süße Variante der indischen Brotfladen

Zubereitung: 1 Stunde plus 1 Stunde zum Ruhen
Für 4 Personen, siehe Bild rechts

Zutaten

100 g Linsenmehl
1 Orange | 100 g Trauben
1 Kiwi | 2 Pflaumen | 3 vollreife Feigen
200 g Mehl | Salz
70 g Puderzucker
2 Zweige Minze
1 TL Honig
Öl für die Arbeitsfläche

Für den Teig in einer Schüssel das Linsenmehl und das Mehl mit 1 Prise Salz vermischen. Nach und nach 150 ml lauwarmes Wasser dazugeben. Alles zu einem festen Teig verkneten. Sollte der Teig kleben, mehr Mehl unterkneten. Den Teig zu einer Kugel formen, in Folie wickeln und mindestens 60 Minuten ruhen lassen.

Den Backofen auf 150 °C vorheizen. Den Teig zu einer 5 cm dicken Rolle formen. Diese in etwa 2 cm dicke Scheiben schneiden. Auf einer geölten Arbeitsfläche jede Scheibe zu einem sehr, sehr dünnen und möglichst runden Fladen ausrollen. Die Fladen vorsichtig lösen und auf ein mit Backpapier ausgelegtes Backblech legen. Im Backofen in etwa 20 Minuten goldbraun backen.

Für den Obstsalat die Minze waschen, trocken schütteln, die Blätter abzupfen und fein schneiden. Die Orange schälen und filetieren. Den Saft aus dem restlichen Fruchtfleisch pressen und auffangen. Die übrigen Früchte waschen, Kiwi schälen und in mundgerechte Stücke schneiden. Alle Früchte mit dem Orangensaft und der gehackten Minze vermischen. Nach Belieben mit Honig abschmecken und zu den Fladen servieren.

Tipp: Dazu passt Honigjoghurt. Dafür 200 g Naturjoghurt mit 1–2 EL Honig verrühren.

Blaubeer-Lupinen-Küchlein

Diese Pfannküchlein werden schön luftig und schmecken wunderbar fruchtig.

Zubereitung: 25–30 Minuten
Für 8–12 Küchlein, siehe Bild Seite 254

Zutaten

250 g Heidelbeeren
4 Eigelb
80 g Zucker
200 g Quark
Abrieb von je 1 unbehandelten Zitrone und -orange
1 TL gemahlener Zimt
3 Eiweiß
Salz
50 g Milch
50 g Lupinenmehl
50 g Mehl
Öl und Butter zum Backen
Zucker

Die Blaubeeren waschen, auf Küchenpapier trocknen und verlesen. Das Eigelb mit dem Zucker schaumig rühren. Den Quark und die Gewürze hinzufügen. Das Eiweiß mit 1 Prise Salz steif schlagen. Den Eischnee, die Milch sowie das Lupinenmehl und das Mehl mischen und unter die Eigelb-Quark-Masse ziehen.

In einer Pfanne 2 EL Öl erhitzen und Häufchen von je 2 TL Teig hineingeben. Auf jedes Teighäuflein 1 TL Heidelbeeren setzen. Wenn die Küchlein von der Unterseite goldbraun sind, vorsichtig wenden und fertig braten. Nach Belieben etwas Butter dazugeben und die Küchlein mit Puderzucker bestreut servieren.

Tipp: Lupinenmehl und andere Lupinenprodukte sind am einfachsten online erhältlich.

Krosse Feigenpäckchen mit Zitronenthymian

Ein gelungenes Zusammenspiel von Feigen und Ziegenfrischkäse – mal anders süß!

Zubereitung: 1 Stunde
Ergibt 12 Päckchen

Zutaten

24 Blätter Filoteig (à 12 × 12 cm)

Für die Füllung

12 große, vollreife Feigen
2 Zweige Zitronenthymian
120 g Ziegenfrischkäse
30 g brauner Zucker
Abrieb und 1 TL Saft von ½ unbehandelten Orange
1 Prise Salz
1 Eigelb

Außerdem

flüssige Butter zum Bestreichen

Die Feigen waschen und den Stiel abtrennen. Mit einem scharfen Messer die Früchte kreuzweise einritzen und die Schnittkanten mit den Fingern etwas auseinanderdrücken. Den Zitronenthymian waschen, trocken schütteln und die Blätter hacken. Diese in einer Schüssel mit dem Ziegenkäse, Zucker, Orangenabrieb, Orangensaft, Salz und Eigelb verrühren.

Den Backofen auf 200 °C vorheizen. Die Filoteigblätter dünn mit der flüssigen Butter bestreichen und je 2 Blätter übereinander auf die Arbeitsfläche legen. In die Mitte jeweils 1 Feige setzen und diese mit 1–2 TL der Ziegenkäsemasse füllen. Die Teigränder zur Mitte hochziehen, aber nicht verschließen und die Päckchen mit einem Bändchen stabilisieren (siehe Bild). Auf ein mit Backpapier belegtes Backblech setzen, die Teigpäckchen am Rand mit etwas flüssiger Butter bestreichen und im Backofen in 25–30 Minuten goldbraun backen.

Tipp: Die Feigenpäckchen schmecken heiß oder kalt mit Schlagsahne, die mit etwas Zimtpulver aromatisiert ist, oder mit Vanillesauce.

Mandel-Schokoladen-Biskuittorte

Zubereitung: 25 Minuten
Für 4 Personen

Zutaten

½ Kakaobiskuit, gebacken (siehe unten)
200 g Rote Johannisbeeren, von den Rispen gezupft

Für die Glasur
3 EL Kokosfett
3 EL Kakao- oder Johannisbrotpulver
5 EL Apfeldicksaft
30 g fein gehackte Mandeln
1 Tropfen Mandelöl

Aus dem Biskuit 3 Scheiben mit je 8 cm Durchmesser ausstechen. Die Scheiben exakt aufeinander auf ein Kuchengitter legen. Das Kuchengitter in ein tiefes Blech stellen.

In einem Topf das Kokosfett schmelzen. Das Kakao- oder Johannisbrotpulver, den Apfeldicksaft, die Mandeln und das Mandelöl dazugeben, gut unterrühren. Die Glasur auf dem Kuchen verteilen. Mit den Johannisbeeren großzügig belegen.

Tipp: Der fertige Kuchen bleibt 2 Tage frisch unter der Glasur. Die fein gehackten Mandeln sollten am besten auch blanchiert sein (die Mandelhäutchen würden eine eher bittere Note mit reinbringen).

Kakaobiskuit

Zubereitung: 30 Minuten
Für 1 Blech

Zutaten

100 g Mandeln, gehäutet
60 g Kakaopulver
70 g Reismehl
1 Päckchen Vanillepudding-pulver
100 g Sojasahne
80 g Dinkelvollkornmehl
1 Päckchen Weinstein-Backpulver
200 ml Sojamilch
100 g Pflanzenmargarine
150 ml Agavendicksaft

Außerdem
etwas Pflanzenmargarine für das Backblech

Den Backofen auf 180 °C vorheizen. Ein Backblech mit Backpapier auslegen und dieses mit etwas Pflanzenmargarine fetten.

Die Mandeln im Mixer pulverisieren. Das Mandelpulver mit dem Kakaopulver, dem Reismehl, dem Puddingpulver, dem Dinkelmehl und dem Backpulver mischen. Die Margarine und den Agavendicksaft mit dem Schneebesen schaumig schlagen. Die Sojasahne und die Sojamilch mit der Mehlmischung verrühren, dann die Margarinemasse unterheben.

Den Teig auf das vorbereitete Backblech streichen und bei 180 °C etwa 10 Minuten backen.

Limetten-Ingwer-Pannacotta mit Mango-Chili-Sauce

Hier tritt die Gewürzgruppe in der Dessertliga an: Ingwer und Limettenblätter würzen dezent die Pannacotta, während Piment d'Espelette der Mangosauce Feuer gibt.

Zubereitung: 45 Minuten plus 3 Stunden zum Kühlen
Für 4 Personen

Zutaten

20 g Ingwer
2 Kaffirlimettenblätter
5 EL Limettensaft
60 g brauner Zucker
400 ml Sahne
3 Blatt weiße Gelatine

Für die Mango-Chili-Sauce
1 kleine, reife Mango, beispielsweise Alphonso
1–2 TL Akazienhonig
¼–½ TL Chiliflakes
Piment d'Espelette
4 Stiele Minze

Für die Pannacotta den Ingwer schälen und in dünne Scheiben hobeln. Die Limettenblätter waschen und seitlich mehrmals einschneiden, damit sie mehr Aroma abgeben. In einem kleinen Topf 4 EL Limettensaft erhitzen, den Zucker darin auflösen. Die Sahne, den Ingwer und die Limettenblätter dazugeben, aufkochen und etwa 10 Minuten sanft köcheln lassen. Unterdessen die Gelatine 5 Minuten in Wasser einweichen und dann ausdrücken.

Die Sahne durch ein Sieb gießen, den Ingwer und die Kaffirlimettenblätter entsorgen. Die ausgedrückte Gelatine in der warmen Sahne unter Rühren auflösen. Die Pannacotta etwas abkühlen lassen, in vier Förmchen füllen und abgedeckt im Kühlschrank in etwa 3 Stunden gelieren lassen.

Für die Mango-Chili-Sauce die Mango schälen, das Fruchtfleisch vom Stein schneiden, würfeln und fein pürieren. Eventuell durch ein Sieb streichen. Mit Honig, ¼ TL Chiliflakes und etwas Limettensaft abschmecken. Die Minze abbrausen und trocken tupfen, die Blättchen abzupfen.

Zum Servieren die Förmchen aus dem Kühlschrank nehmen, kurz in heißes Wasser tauchen und die Pannacotta auf Dessertteller stürzen. Die Mangosauce darum herum verteilen, etwas Chili darüberstreuen und mit Minze dekorieren.

Joghurtcreme mit süßem Mohnpesto

Die sahnige Creme mit dem zarten Vanillearoma lässt sich auf vielfältige Weise zu immer neuen unkomplizierten Desserts abwandeln.

Zubereitung: 20 Minuten plus 12 Stunden zum Kühlen
Für 6 Personen

Zutaten

Für die Joghurtcreme
200 g Sahne
1 kg Vollmilchjoghurt
2 EL Zucker
1 Vanilleschote

Für das Mohnpesto
100 g Orangeat
4 EL Orangenlikör (alternativ Orangensaft)
1 Orange
60 g Mohnsamen
2 EL Zucker
1 Vanilleschote

Für die Creme am Vortag die Sahne cremig aufschlagen. Joghurt und Zucker in eine Schüssel geben. Die Vanilleschote längs aufschneiden, das Mark herauskratzen, dazugeben und unterrühren. Die Sahne sorgfältig unterziehen. Ein Sieb mit einem Stoffküchentuch auslegen, die Joghurtmischung einfüllen und mit den Tuchecken abdecken. Das Sieb in eine Schüssel hängen und über Nacht in den Kühlschrank stellen, damit die Molke abtropfen kann.

Am nächsten Tag für das Pesto das Orangeat sehr fein hacken und mit dem Orangenlikör mischen. Die Orange auspressen (sollte etwa 100 ml ergeben). Den Mohn mit dem Zucker in den Blitzhacker geben. Die Vanilleschote längs aufschneiden, das Mark herauskratzen, hinzufügen und alles fein mahlen. Die Mohnmischung in eine Schüssel geben und das Orangeat samt Likör und Orangensaft unterrühren.

Den cremigen Joghurt in Gläser oder Schälchen verteilen und das Mohnpesto darübergeben.

Variante: Statt des Mohnpestos schmecken auch mit Orangenlikör marinierte Erdbeeren ganz köstlich zum Joghurt. Oder mit Cassis (Johannisbeerlikör) marinierte gemischte Beeren. Wenn Kinder mitessen, lassen Sie den Likör einfach weg und marinieren stattdessen mit Orangensaft und ein wenig Zucker.

Cashew-»Käsekuchen« mit Blaubeeren

Dieser vegane und glutenfreie Kuchen überzeugt auch Sie schnell – einfach köstlich!

Zubereitung: 15 Minuten
Für 4 Personen

Zutaten

200 g gekeimte Cashewkerne
etwas crushed Ice
30 ml Agavendicksaft
3 EL Kokosblütenzucker
1 TL gemahlener Zimt
25 g Pistazien
150 g Heidelbeeren

Die Cashewkerne mit dem crushed Ice und dem Agavendicksaft so lange im Mixer pürieren, bis eine cremige, quarkähnliche Masse entstanden ist. Den Kokosblütenzucker mit dem Zimt mischen. Die Pistazien hacken.

Mithilfe eines Stellrings den Kuchen aufbauen: Zuerst die gehackten Pistazien, dann die Cashewmasse einfüllen. Glatt streichen und den Ring vorsichtig entfernen. Die Heidelbeeren darauf verteilen und den Zimtzucker großzügig darüberstreuen.

Tipp: Dieser Kuchen schmeckt am besten gut gekühlt. Kokosblütenzucker wird übrigens aus dem süßen Nektar der Kokosblüte gewonnen und schmeckt leicht nach Karamell. Er ist ein ausgezeichneter Ersatz für Zucker oder Sirup.

Marinierte Erdbeeren mit Pfeffer und Anis-Frischkäse-Soufflés

Dieses Dessert lebt von dem Kontrast zwischen süß-säuerlich marinierten und gepfefferten Erdbeeren und den luftigen Soufflés mit zarter Anisnote. Die Käsecreme lässt sich im Voraus zubereiten.

Zubereitung: 1 Stunde plus 1 Stunde Kühlen
Für 4 Personen

Zutaten

2 TL eingelegter grüner Pfeffer
500 g möglichst kleine, aromatische Erdbeeren
2 EL Zucker
Abrieb und Saft von 2 unbehandelten Limetten
weiche Butter und Zucker für die Förmchen
50 g feiner Zucker
1 ½ TL frisch gemahlener Anis
2 Eier
100 g Doppelrahm-Frischkäse
1 Prise Salz
2 Stiele Minze
Puderzucker zum Bestauben

Den Pfeffer gründlich abbrausen, abtropfen lassen und hacken. Die Erdbeeren waschen, trocken tupfen und vierteln, die Stielansätze dabei wegschneiden. In eine Schüssel geben, mit 2 EL Zucker bestreuen und darin wenden, bis sich der Zucker gelöst hat. Mit 2 TL Limettenabrieb und 2–3 TL -saft abschmecken. Den Pfeffer untermischen und die Erdbeeren etwa 1 Stunde im Kühlschrank durchziehen lassen.

Vier Souffléförmchen mit weicher Butter ausstreichen, mit etwas Zucker ausstreuen und bis zur Verwendung kalt stellen. Die 50 g feinen Zucker mit dem Anis mischen. Die Eier trennen. Das Eigelb mit 40 g des Aniszuckers verrühren, bis sich der Zucker gelöst hat. Den Frischkäse zugeben und mit dem Schneebesen rühren, bis die Masse glatt ist. Mit 3–4 TL Limettensaft und 1–2 TL Limettenabrieb abschmecken.

Den Ofen auf 200 °C vorheizen. Das Eiweiß mit 1 Prise Salz und dem restlichen Aniszucker sehr steif schlagen und unter die Frischkäsecreme heben; die Masse in die Souffléförmchen füllen und glatt streichen. Die Förmchen in eine Auflaufform stellen und diese 2 cm hoch mit kochendem Wasser auffüllen.

Die Soufflés im vorgeheizten Ofen etwa 12 Minuten backen. Zur Garprobe einen Holzspieß mittig in ein Soufflé stechen. Wenn an dem Spieß beim Herausziehen kein Teig klebt, sind die Soufflés fertig.

Die Minze abbrausen und die Blättchen abzupfen. Die Erdbeeren neben den Soufflés anrichten und mit Minze garnieren. Die Soufflés mit Puderzucker bestauben.

Geeiste Pralinen

Zubereitung: je 25 Minuten plus 20 Minuten zum Kühlen,
Ergibt jeweils etwa 25 Pralinen
Im Bild von links im Uhrzeigersinn:

Kokoskugeln

Zutaten

¼ Rezept heller Biskuit, gebacken (siehe Seite 272)
80 g Pflanzenmargarine | 3 EL Agavendicksaft
1 Päckchen Vanillepuddingpulver
125 ml Kokoscreme | 4 EL Kokosraspel
etwas Abrieb von 1 unbehandelten Orange
6 EL Kokospulver

Den Biskuit in kleine Stücke zupfen. In einer Schüssel die Pflanzenmargarine mit dem Agavendicksaft mit dem Schneebesen schaumig schlagen. Das Puddingpulver, die Kokoscreme, die Kokosraspel und den Orangenabrieb hineinrühren. Die Masse mit den Biskuitstücken mischen und für 20 Minuten kalt stellen. Etwa 25 kleine Kugeln aus der Masse formen und in dem Kokospulver wälzen. Die Pralinen bis zum Servieren ins Tiefkühlfach stellen.

Kaffee-Kakao-Kugeln

Zutaten

½ Rezept Kakaobiskuit, gebacken (siehe Seite 258)
100 ml starker Kaffee | 50 g Mandeln
100 g Pflanzenmargarine
4 EL Agavendicksaft | 6 EL Kakaopulver

Den Biskuit in kleine Stücke zupfen, dann mit dem Kaffee tränken. Die Mandeln grob hacken und dazugeben.

In einer Schüssel die Pflanzenmargarine und den Agavendicksaft mit dem Schneebesen schaumig schlagen. Die Masse mit den Biskuitstücken mischen und 20 Minuten kalt stellen. Etwa 25 Kugeln aus der Masse formen und die Kugeln im Kakaopulver wälzen. Die Pralinen bis zum Servieren ins Tiefkühlfach stellen.

Walnuss-Pistazien-Pralinen

Zutaten

¼ Rezept Kakaobiskuit, gebacken (siehe Seite 258)
Saft und Abrieb von 1 unbehandelten Orange
2 EL Agavendicksaft | 1 Zimtstange
2 EL Kokosfett | 2 EL Kakaopulver oder Johannisbrot
3 EL Apfeldicksaft | 25 g Pistazien, fein gerieben
25 g Walnusskerne, halbiert

Aus dem Biskuit etwa 25 kleine Kreise ausstechen. In einem kleinen Topf den Orangensaft und -abrieb gemeinsam mit dem Agavendicksaft und der Zimtstange auf ⅓ des Volumens einkochen lassen. Die Zimtstange entfernen und mit der Flüssigkeit die ausgestochenen Biskuits tränken.

Das Kokosfett schmelzen, das Kakaopulver und den Apfeldicksaft gut unterrühren. Die getränkten Biskuitstücke eintauchen, dann in den Pistazien wälzen. Mit je ½ Walnuss dekorieren. Die Pralinen bis zum Servieren ins Tiefkühlfach stellen.

Kakao-Pinienkern-Pralinen

Zutaten

¼ Kakaobiskuit, gebacken (siehe Seite 258)
80 g Pflanzenmargarine | 3 EL Agavendicksaft
4 EL geröstete Kakaobohnen, grob zerdrückt
1 Päckchen Vanillepuddingpulver | 125 ml Sojasahne

Für die Dekoration
3 EL Kakaopulver | 15 g Pinienkerne

Den Biskuit in kleine Stücke zupfen. Die Pflanzenmargarine und den Agavendicksaft mit dem Schneebesen schaumig schlagen. Die Kakaobohnen, das Puddingpulver und die Sojasahne hineinrühren. Die Masse mit den Biskuitstücken mischen und für 20 Minuten kalt stellen. Etwa 25 kleine Pralinen aus der Masse formen und im Kakaopulver wälzen. Mit den Pinienkernen dekorieren. Bis zum Servieren ins Tiefkühlfach stellen.

Rote-Bohnen-Eiscreme

Klingt abenteuerlich. Und wird ab sofort auch Ihr Lieblingseis!

Zubereitung: 40 Minuten plus 40 Minuten zum Tiefkühlen
Für 6 Personen

Zutaten

600 ml Kokosmilch
420 g Adzukibohnenpaste (aus der Dose)
¼ Vanilleschote, das Mark ausgekratzt
Abrieb von 1 unbehandelten Limette
100 g Zucker
6 Eigelb

In einem Topf die Kokosmilch und die Bohnenpaste mit der ausgekratzten Vanilleschote, dem Vanillemark, der Limettenschale und dem Zucker aufkochen.

Die Eigelbe mit der Kokos-Bohnen-Milch in eine große Schüssel geben. Auf dem Wasserbad etwa 20 Minuten rühren, bis die Masse dicklich wird. Anschließend auf Eiswürfeln kalt rühren. Die Masse in der Eismaschine gefrieren und mit frischen Früchten nach Wahl und Saison servieren.

Tipp: Wenn Sie keine Eismaschine besitzen, können Sie das Eis auch im Tiefkühlfach zubereiten. Die Masse dazu einfrieren und immer wieder zwischendurch herausnehmen und mit dem Stabmixer pürieren. Damit so lange fortfahren, bis das Eis cremig gefroren ist.

Heller Biskuit

Zubereitung: 20 Minuten
Für 1 Blech

Zutaten

150 g Mandeln, gehäutet
100 g Reismehl
1 Päckchen Vanillepuddingpulver
200 ml Sojamilch
100 g Dinkelvollkornmehl
1 Päckchen Weinstein-Backpulver
100 g Sojasahne
100 g Pflanzenmargarine
150 ml Agavendicksaft

Außerdem

etwas Pflanzenmargarine für das Backblech

Den Backofen auf 180 °C vorheizen. Ein Backblech mit Backpapier auslegen und dieses mit etwas Pflanzenmargarine fetten.

Die Mandeln im Mixer pulverisieren. Das Mandelpulver mit dem Reismehl, dem Puddingpulver, dem Dinkelmehl und dem Backpulver mischen. Die Margarine und den Agavendicksaft mit dem Schneebesen schaumig schlagen. Die Sojasahne und die Sojamilch mit der Mehlmischung verrühren, dann die Margarinemasse unterheben.

Den Teig auf das vorbereitete Backblech streichen und den Biskuit bei 180 °C etwa 10 Minuten backen.

Tipp: Den Biskuitteig können Sie mit Obst belegen oder für Kokospralinen (siehe Seite 271) verwenden. Der Biskuit kann gut eingefroren werden.

Anhang

Glossar der Gewürze

Anis: Anis duftet und schmeckt süßlich und fein lakritzartig. Man verwendet ihn in Teemischungen, Brot und Weihnachtsgebäck ebenso wie für pikante Gerichte mit Gemüse, Fisch oder Hülsenfrüchten.

Bourbonvanille: Duft und Geschmack sind süßlich, üppig, balsamisch mit herben Tönen nach Edelholz und Leder. Verwendet werden Mark und Schote. Man kann die Schoten in Sahne auskochen, abspülen, trocknen und so mehrfach verwenden. Bourbonvanille harmoniert mit Süßspeisen, Fisch und Fleisch.

Cayenne: Die Chilisorte wird getrocknet und mitsamt Kernen und Trennwänden gemahlen, was ihre helle, orangefarbene Tönung erklärt. Cayenne hat eine klare Schärfe mit einem Schärfegrad (SG) von etwa 7 auf der Skala von 1–10.

Chilischoten (grün): Sie sind unreif geerntet und schmecken ähnlich wie grüne Gemüsepaprika, nämlich saftig, grasig und krautig. Handelsübliche Chilischoten haben einen Schärfegrad (SG) von 3–5. Grüne Thai-Chilischoten sind deutlich schärfer (SG 6–7). Dickfleischige grüne Jalapeños liegen dazwischen (SG 5–6). Getrocknete Jalapeños, chipotle, bekommen durch das Trocknen über Holz ihren typischen Rauchgeschmack. Zum Verarbeiten der Schoten unbedingt Einweghandschuhe anziehen, dann die Schoten längs halbieren und die Samen und scharfen Trennwände entfernen.

Chilischoten (rot): Die meisten Chilisorten reifen rot, einige auch in Richtung Braun, Violett oder fast Schwarz. Rote Chilischoten sind schärfer als grüne, aber auch aromatischer. Getrocknete rote Chilischoten gibt es ganz, in Ringen, Fäden oder Flocken (Flakes). Besonders edel: Piment d'Espelette aus dem Baskenland (SG 4). Chili Ancho ist die getrocknete und vermahlene Variante der beliebten mexikanischen poblanos: Sie haben ein fruchtig-schokoladiges Aroma mit dezenter Schärfe.

Cumin (Kreuzkümmel): Die hellen graubraunen Samen duften bitter-süßlich mit kräftigen Kampfernoten. Der Geschmack ist ähnlich intensiv, erdig, herb, dabei süßlich und leicht brennend. Ein wichtiges Gewürz der indischen und orientalischen Küche, es ist Bestandteil der meisten Currymischungen.

Galgant: Frischer Galgant riecht holzig-herb mit süßlichen, zimtähnlichen Noten. Der Geschmack ähnelt dem des eng verwandten Ingwers, jedoch ohne dessen zitronige Frische, sondern süßlich-scharf mit sandelholzähnlichen Zimtnoten. Galgant ist wichtiger Bestandteil thailändischer Currypasten.

Hibiskus: Die getrockneten Blüten gibt es ganz, geschnitten oder pulverisiert. Hibiskus eignet sich sehr gut zum säuerlichen Würzen.

Ingwer: Verwendet werden die Rhizome, die Hauptsprossen der Pflanze. Frischer Ingwer sollte außen fest und silbrig glänzend und innen hellgelb und saftig sein. Er duftet süßlich, zitronen- und kampferartig und ist kräftig scharf. Er wird geschält und dann gehobelt, gewürfelt oder geraspelt. Ingwer gibt es auch in getrockneter und gemahlener Form, kandiert, schokoliert oder sauer eingelegt.

Kakaobohnensplitter: Dies sind grob zerkleinerte Kakaobohnen, auch Kakao-Nibs genannt. Sie sind nicht gesüßt. Erhältlich sind sie in Schokoladengeschäften oder Bioläden. Der Geschmack der Kakaosplitter ist herb und samtig.

Kardamom: Die grünen Kapseln umschließen das eigentliche Gewürz, die bräunlichen Samen. Da das Aroma sehr flüchtig ist, niemals gemahlen kaufen, sondern die Kapseln im Mörser aufbrechen, die Samen herausnehmen und frisch mahlen. Der Duft ist intensiv frisch und kampferartig. Der Geschmack ist süßlich, harzig und leicht brennend.

Knoblauch: Sein scharfes, leicht schwefeliges Aroma haftet bei starkem Verzehr sehr lange an. Am besten frische Knollen kaufen. Bei älterem Knoblauch den bitteren Keim aus den Zehen entfernen.

Koriander/Koriandergrün: Der Geschmack des Koriandergrüns polarisiert. Manche bezeichnen ihn abfällig als seifig. Andere lieben die frische Würze. Die Samen schmecken warm, holzig bis leicht nussig, mit Tönen nach Bitterorangen. Sie sind Bestandteil nahezu aller Currymischungen.

Limette: Der Saft sorgt für exotischen, etwas sauren Geschmack, die Schale liefert mehr Aroma als Geschmack. Getrocknete ganze Früchte kann man in orientalischen Supermärkten kaufen: die Limetten leicht anstechen und im Ganzen in Suppen und Eintöpfen mitkochen oder im Blitzhacker zerkleinern.

Limettenblatt: Die Blätter der Kaffirlimette sind hocharomatisch. Man bekommt sie frisch oder tiefgekühlt in Asialäden. Um ihr Aroma komplett zu nutzen, seitlich mehrfach einschneiden und mitkochen. Sie werden nicht verzehrt, es sei denn, man schneidet sie in haarfeine Streifen und diese in winzige Stücke.

Muskatnuss: Frisch gerieben entfaltet sie ein intensives süßlich-bitteres, harziges Aroma. Der Geschmack ist herb und etwas scharf, dabei leicht terpentinartig. Das Aroma ist besonders unter Einfluss von Hitze sehr flüchtig, weshalb Muskatnuss erst über das fertige Essen gerieben wird. Sie würzt am besten Blattspinat, Blumenkohl und verfeinert auch Béchamelsauce mit dem letzten gewissen Etwas.

Orangenschale: Frischer Orangenabrieb ist hocharomatisch fruchtig. Getrocknet verliert sich ein Großteil der ätherischen Öle, der Geschmack wird zunehmend bitter.

Paprika: In der Regel gilt: je dunkler, desto süßer. Die beste Qualität ist Paprika delikatess, gefolgt von Paprika edelsüß. Beide schmecken sehr fruchtig. Bei den helleren Sorten werden Kerne und scharfe Trennwände mitgemahlen. Rosenpaprika, die schärfste Sorte, schmeckt zudem etwas herb. Für den rauchig schmeckenden Pimenton de la Vera werden die Schoten über Holzfeuer getrocknet.

Paradieskörner: Die aus Westafrika stammenden Gewürzkörner sind außen braun und haben innen eine cremig-helle Farbe. Beim Mahlen wird ein balsamischer süßer, vanilleähnlicher Duft frei. Der Geschmack ist herb und kräftig scharf. Paradieskörner sind Bestandteil der marokkanischen Gewürzmischung Ras el Hanout.

Pfeffer (grün): Er wird unreif geerntet, bevor er seine Schärfe voll entwickeln kann, und entweder durch ein Heißluftverfahren getrocknet oder in Lake eingelegt. Die getrockneten Körner lassen sich im Mörser leicht zerstoßen. Weil der später harte Kern noch nicht ganz entwickelt ist, lassen sich die eingelegten Körner problemlos hacken oder zerdrücken.

Pfeffer (rot): Diese Rarität durfte am Strauch ausreifen. Er schmeckt sehr voll und fruchtig nach hellen Kirschen, Hagebutten und getrockneten Tomaten und hat eine kräftige Schärfe, ähnlich wie schwarzer Pfeffer. Man bekommt ihn eingelegt oder getrocknet (roter indischer Pondicherry- oder kambodschanischer Kampot-Pfeffer).

Pfeffer (schwarz): Er wird während der Reifung geerntet, wenn sich die Pfefferbeeren gelb färben, und an der Sonne getrocknet. Er hat ein volles Aroma nach dunklen Früchten, dazu etwas rauchig. Eine der besten Sorten ist der indische Tellicherry-Pfeffer, der geerntet wird, wenn die Beeren bereits orangefarben sind. Dadurch ist sein Aroma besonders üppig.

Piment: Die rötlich-braunen Beeren duften nach Gewürznelke, Muskatnuss, Zimt und Pfeffer. Sie sind ein klassisches Einlegegewürz und werden an Fonds und Suppen gegeben. Frisch gemahlen kann Piment aufgrund seines vielschichtigen Aromas wie eine Gewürzmischung verwendet werden, etwa für orientalische Gerichte. Er passt sehr gut zu Kürbis, Karotten und Chutneys

Rosenblüten (getrocknet): Ihr süßer, feinblumiger Duft verleiht einem Gericht eine orientalische Note. Sie werden vor allem in der persischen und marokkanischen Küche verwendet, etwa im persischen *advieh* und im marokkanischen *Ras el Hanout*.

Safran: Dies sind die getrockneten Staubfäden einer Krokusart *(crocus sativus)*. 80–90 Prozent der Welternte stammen aus dem Iran. Das Aroma ist üppig, bitter-süß und honigartig. Am besten ganze Fäden kaufen, da ist die Gefahr, gestreckte Ware zu erhalten, geringer. Vor dem Gebrauch im Mörser zerreiben und in zwei Esslöffeln Flüssigkeit einweichen. Diese Flüssigkeit während des Kochens an das Gericht geben. Safran schmeckt sehr dominant und kann deshalb sparsam verwendet werden. Er passt zu Reis, Fisch, Geflügel und Süßspeisen.

Schwarzkümmel: Die samtschwarzen harten Samen duften pfeffrig, lorbeer- und majoranähnlich, wenn sie frisch zerstoßen werden. Sie schmecken intensiv erdig, nussig und rauchig. Sie werden häufig mit Sesam auf orientalische Fladenbrote gestreut, machen sich aber auch sehr gut auf Hülsenfrüchten oder Pasten aus Auberginen, Linsen oder Kichererbsen.

Sesam: Die cremefarbenen Samen schmecken angenehm nussig, süßlich und dabei auch herb. Geschälter heller Sesam schmeckt milder als ungeschälter. Tahini ist eine Paste aus gemahlenem Sesam, auch hier ist die helle Variante milder. Sie gehört an Hummus.

Sumach: Das »Essigbaumgewürz« ist typisch für die Küche des Vorderen Orients. Der Geruch ist intensiv essigartig, der Geschmack sauer-herb mit deutlichen Gerbstoffen. Hauptsächlich Streugewürz bei Tisch. Zatar ist eine Mischung aus geröstetem Sesam, Meersalz, Thymian und Sumach. Gemischt mit Olivenöl wird Zatar als Dip mit Fladenbrot serviert, in Fladenbrot gebacken oder über Frischkäse oder Gemüse gestreut.

Sternanis: Sein süßlich-lakritzartiger Geruch ähnelt dem vom Anis und Fenchel, er ist jedoch mit keinem von beiden verwandt. Die Sterne werden ganz mitgekocht oder gemahlen an die Speisen gegeben.

Szechuanpfeffer: Frisch gemahlen duftet er holzig und warm mit deutlichen Zitrus- und Kampfernoten und schmeckt süßlich, holzig und leicht säuerlich. Er ist im klassischen Sinn nicht scharf, vielmehr entsteht auf der Zunge ein Prickeln, das ein leichtes Taubheitsgefühl hinterlässt. Szechuanpfeffer ist kein Pfeffer. Es sind rötlich-braune Kapseln mit einem glänzenden schwarzen Kern, der möglichst entfernt werden sollte, weil er bitter schmeckt.

Tahiti-Vanille: Die Schoten sind braunschwarz, glänzend und elastisch sowie dicker, flacher und fleischiger als Bourbonvanille. Ihr Aroma ist süßlich und aufgrund ihres geringeren Vanillin-Gehalts deutlich blumiger als Bourbonvanille – und ohne deren tiefgründige Holz- und Ledertöne.

Wattleseed: Die australischen Akaziensamen werden vor dem Mahlen geröstet. Das leicht grobe, braune Pulver duftet nach gerösteten Haselnüssen, Kaffee- und Kakaobohnen. Es passt zu Wild, Rind, Lamm und Ente sowie Rotweinsaucen, aber auch zu Kürbis, Karotten oder Süßkartoffeln und zu Desserts auf Basis von Schokolade oder Sahne. Für cremige Desserts wird das Gewürz in der doppelten Menge Wasser eingeweicht, ausgedrückt und als Extrakt an die Sahne oder Schokolade gegeben. Sonst kann Wattleseed auch direkt an das Gericht gegeben werden.

Zimt/Zimtblüten: Man unterscheidet zwischen dem sanfteren, mild-süßlich-holzigen Ceylonzimt und dem kräftigen rötlich-braunen Cassia-Zimt. Letzterer enthält etwa 400 Mal so viel Cumarin wie Ceylonzimt. Zimtblüten nennt man die unreifen Blütenknospen des Zimtstrauchs, die beim Mahlen interessante Röstaromen freisetzen.

Zitronengras: Von der asiatischen Schilfpflanze verwendet man nur die dicken unteren kolbenförmigen Enden. Sie werden von den äußeren harten Schichten befreit und dann in Scheiben geschnitten oder, flach geklopft, in Fonds und Suppen mitgegart, aber nicht verzehrt. Zitronengras hat ein zitronenartiges und dabei etwas blumiges Aroma, der Geschmack ist nicht ausgeprägt sauer.

Alles über Hülsenfrüchte

Weltweit gibt es etwa 18 000 verschiedene Hülsenfruchtarten. Auf den folgenden Seiten finden Sie die wichtigsten Hülsenfrüchte sowie hilfreiche Tipps zu Einkauf, Lagerung und Zubereitung.

Erbsen, Bohnen, Linsen, Kichererbsen, Süßlupinen, Sojabohnen und Erdnüsse zählen zu den essbaren Hülsenfrüchten. Es gibt sie frisch und getrocknet, in Dosen und Gläsern oder tiefgekühlt. Kichererbsen, Linsen, Süßlupinen und Sojabohnen werden zudem als glutenfreies Mehl angeboten. Hülsenfrüchte besitzen unter den pflanzlichen Lebensmitteln den höchsten Eiweißgehalt. Sie sind mit Ausnahme der Sojabohne fett- und kalorienarm und eine wichtige Quelle für Magnesium, Eisen, Zink, für Vitamin B1 sowie für andere B-Vitamine. Durch ihren hohen Anteil an Ballaststoffen stärken sie außerdem die Darmgesundheit und den Stoffwechsel.

Frische Hülsenfrüchte

Knackfrische Erbsen und Bohnen aus dem Garten sind unwiderstehlich. Erbsen werden zwischen Mai und August angeboten, Bohnen von Juli bis September. Die wichtigsten Erbsensorten sind Mark- und Palerbsen und Zuckerschoten. Daneben gibt es weniger bekannte Sorten wie die blaue Speiseerbse. Während Palerbsen getrocknet werden, eignen sich die zarten Markerbsen hervorragend für die frische Erbsenküche. Süß und fein schmecken auch die Zuckerschoten, auch Kaiserschoten oder Kefen genannt. Da diese unreif geerntet werden, haben sie nur winzige Samenkörner und die Pergamentschicht im Inneren der Schale ist noch weich und essbar.

In Deutschland sind weit über 100 verschiedene Bohnensorten gelistet. Man unterscheidet sie nach ihrer Anbauform in Stangen- und Buschbohnen sowie nach ihrer Hülsenform in flache und breite Schnippel- und Brechbohnen. Letztere unterteilen sich in die feinen Delikatess- sowie die gelben Wachsbohnen und sogar blaue Bohnen. Aus Asien werden Schlangenbohnen importiert, aus Kenia stammt die feine Keniabohne.

Nicht zu vergessen sind die Dicken Bohnen (die zu den Wicken und damit zu einer anderen botanischen Familie als die Gartenbohnen zählen), auch Acker-, Fava- oder Saubohnen genannt.

Lagerung frischer Hülsenfrüchte

Verbrauchen Sie frische Erbsen und Bohnen möglichst innerhalb weniger Tage. Im Kühlschrank halten sie sich in Papier oder im perforierten Plastikbeutel zwar, verlieren aber kontinuierlich an Geschmack und Vitaminen. Erbsen reifen zudem nach, wandeln Zucker in Stärke um und schmecken dann mehlig.

Einkaufstipps für frische Erbsen und Bohnen

Frische Erbsen und Bohnen müssen knackig aussehen und frisch-würzig riechen. Erbsen sind hellgrün und zartschalig, ihr Geschmack ist fruchtig-süß, jedoch keinesfalls mehlig. Bohnen knacken beim Durchbrechen, eine feuchte Bruchstelle ist erkennbar.

Getrocknete Hülsenfrüchte

Der Inbegriff der Hülsenfrüchte sind getrocknete grüne und gelbe Erbsen, Kichererbsen, Bohnen und Linsen. Besonders das Angebot an getrockneten Bohnen und Linsen ist riesig und auf den ersten Blick unübersichtlich. Kidneybohnen, weiße und schwarze Bohnen sowie Sojabohnen kennt jeder.

Doch es lohnt sich, auch unbekanntere Sorten zu entdecken: Lima- oder Riesen-, Augen- und Wachtelbohnen sind zwar weniger häufig zu finden, jedoch ebenso lecker. Die länglichen Cannellinibohnen sind in der italienischen Küche beliebt, die würzig-zarten Flageoletbohnen und Cocobeans eher in der französischen. Feuerbohnen sind aus der steirischen Küche nicht wegzudenken, hier heißen sie Käferbohnen. Viele Gerichte der asiatischen Küche basieren auf nahrhaften Mungbohnen oder deren Sprossen und auf den sämigen Adzukibohnen.

Vielfältige Linsenauswahl

Ebenso spannend wie das Bohnenangebot ist das Sortiment an Linsen. Allein die indische Küche kennt über 50 verschiedene Sorten, darunter gelbe Linsen, die »Toor Dal«, »Chana Dal« oder »Mung Dal« heißen, schwarze »Urad Dal« sowie kleine rote Linsen.

In Europa und Nordamerika wachsen ebenfalls interessante Sorten: Klein, festkochend und leicht nussig im Geschmack sind zum Beispiel die Berglinsen aus Umbrien. Puylinsen aus dem französischen Zentralmassiv und die nordamerikanischen Belugalinsen bleiben beim Kochen ebenfalls kernig und haben ein vollmundiges Aroma. Alle drei Sorten eignen sich für Salate und Gemüsebeilagen. Für einen guten

Eintopf oder ein feines Püree sind Tellerlinsen die erste Wahl.

Die Samen der blauen Süßlupine sind als Nahrungsmittel noch wenig bekannt. Da sie hochwertiges Eiweiß enthalten, gelten sie seit den 1990er-Jahren als heimische Soja-Alternative, was vor allem für Allergiker interessant ist. Sie werden zu glutenfreiem Lupinenmehl, Lupinenmilch und zu quarkähnlichen Produkten (Lupinenquark) verarbeitet.

Lagerung getrockneter Hülsenfrüchte

Geschälte und getrocknete Hülsenfrüchte sollten Sie innerhalb von sechs Monaten aufbrauchen. Hülsenfrüchte mit Schale sind ein bis zwei Jahre haltbar.

Um angebrochene Packungen vor Schädlingen und Feuchtigkeit zu schützen, bewahren Sie sie trocken, luftdicht und dunkel, am besten in gut verschlossenen Dosen oder Gläsern auf. Längere Zeit aufbewahrte Hülsenfrüchte können nachtrocknen. Ihre Garzeit verlängert sich entsprechend.

Einkaufstipps für getrocknete Hülsenfrüchte

Beim Kauf von getrockneten Hülsenfrüchten darauf achten, dass die Packung richtig verschlossen ist.

Die Hülsenfrüchte sollen sauber und glänzend aussehen, weder staubig noch feucht und natürlich ohne Schimmelbefall sein. Löcher oder dunkel scheinende Stellen deuten auf Schädlingsbefall hin.

Hüsenfrüchte kochen und zubereiten

Hülsenfrüchte sind wahre Alleskönner in der Küche. Sie harmonieren perfekt mit allen erdenklichen Zutaten und Gewürzen. Und dazu sind sie auch noch richtig gesund. Hier einige Grundregeln, die Sie beim Kochen beherzigen sollten.

Gut zu wissen

Essen Sie Hülsenfrüchte keinesfalls roh, denn sie enthalten giftige Inhaltsstoffe wie Lektine und blausäurehaltige Verbindungen. Diese Stoffe werden durch das Einweichen und durch ausreichend lange Kochzeiten unschädlich gemacht.

Zudem besitzen Hülsenfrüchte für den Menschen unverdauliche Oligosaccharide, die Blähungen verursachen. Folgende Gewürze wirken entspannend auf die Darmmuskulatur und können so Abhilfe schaffen: Fenchel, Anis, Kreuzkümmel, Koriander und Kümmel, Rosmarin, Bohnenkraut und Senfsaat.

Getrocknete Hülsenfrüchte zubereiten

Verlesen und waschen: Geben Sie die Hülsenfrüchte mit viel kaltem Wasser in eine Schüssel und lesen Sie diejenigen heraus, die obenauf schwimmen. Diese können von Schädlingen befallen sein.

Einweichen: Linsen und geschälte Erbsen müssen Sie nicht einweichen. Alle anderen getrockneten Hülsenfrüchte sollten Sie vor dem Kochen in der drei- bis vierfachen Menge kaltem Wasser 12 Stunden einweichen. Favabohnen sollten Sie 24 Stunden einweichen und zwischendurch häufiger das Wasser wechseln. Beim Einweichen verdoppelt sich das Gewicht der Hülsenfrüchte (siehe Tabelle Seite 286).

Falls Sie das Einweichen einmal vergessen oder nicht genug Zeit haben, können Sie es folgendermaßen umgehen: Kochen Sie die Hülsenfrüchte mit der dreifachen Menge Wasser auf und lassen Sie sie 2 Stunden im Kochwasser quellen. Nun spülen Sie die Hülsenfrüchte ab und verarbeiten sie laut Rezept weiter.

Spülen: Nach dem Einweichen sollten Sie das Wasser wegschütten und die Hülsenfrüchte kurz mit kaltem Wasser abspülen. Denn im Einweichwasser sind ein Teil der schwerverdaulichen, Blähungen verursachenden Oligosaccharide gelöst.

Kochen: Bedecken Sie die Hülsenfrüchte gut mit frischem Wasser und bringen Sie sie zugedeckt zum Kochen. Legen Sie den Deckel nun halb auf, reduzieren Sie die Temperatur und kochen Sie die Hülsenfrüchte auf kleinster Stufe weich. Wichtig ist, dass sie die ganze Zeit mit Wasser bedeckt sind. Falls zu viel Wasser verdampft ist, gießen Sie unbedingt heißes Wasser nach.

Die Kochzeit der Hülsenfrüchte variiert je nach Sorte, Alter, Einweichzeit, Wasserhärte und Verwendung. Außer für rote und gelbe Linsen gilt: Kochen Sie getrocknete Hülsenfrüchte eher länger als zu kurz. So werden sie bekömmlicher und schmackhafter (siehe Tabelle Seite 286).

Würzen: Zu vie Salz und die Zugabe von säurehaltigen Zutaten wie Zitronensaft, Essig und Weißwein sowie säurehaltigen Früchten, Sojasauce und Senf können bewirken, dass die Hülsenfrüchte nicht gar werden und unverdaulich bleiben. Deshalb sollten Sie diese Zutaten erst dann zum Gericht geben, wenn die Hülsenfrüchte weich genug sind. Getrocknete Kräuter und milde Gewürze wie Lorbeer, Bohnenkraut, Thymian, Majoran, Koriander, Kümmel und Kreuzkümmel können Sie von Anfang an dazugeben.

Noch ein Tipp: Kochen Sie Hülsenfrüchte auf Vorrat und frieren Sie sie portionsweise ein.

Hülsenfrüchte aus Dose oder Glas

Wenn es schnell gehen muss, sind Kichererbsen, Bohnen und Linsen aus Dose oder Glas eine Alternative. Anders als Frischware verlieren diese in der Konserve kaum an Struktur und Farbe. Hat man die schleimige Flüssigkeit abgespült, kommen Kidneybohnen, Kichererbsen und Co. den getrockneten Früchten geschmacklich und farblich sogar recht nah. Möchten Sie die Dosenware für ein Rezept verwenden, verdoppeln Sie einfach die angegebene Menge für die getrocknete Variante im Rezept und gehen vom Abtropfgewicht der Konserven aus.

Erbsen und Bohnen werden zur Konservierung erhitzt und sind deshalb schon vorgegart. Sie sehen eher grau als grün aus und schmecken weich und vergleichsweise fad. Als einen Vorteil der Dosen- oder Glasgemüse kann man ihre schnelle Zubereitung und die lange Lagerfähigkeit bei Raumtemperatur sowie die ständige Verfügbarkeit sehen.

Erbsen und Dicke Bohnen kochen

Frische Erbsen und Dicke Bohnen müssen vor dem Zubereiten aus ihren Hülsen gepalt werden. Dazu reißen Sie die Hülsen auf und schieben die Samen mit dem Daumen heraus. 1 kg Dicke Bohnen ergibt etwa 300 g Kerne, 1 kg Erbsenschoten etwa 400–500 g Erbsen.

Frische Bohnen sollten Sie vor dem Kochen waschen und die Stiele und Blütenansätze entfernen. Manche Stangenbohnen (Breite Bohnen) haben an einer Seite einen Faden, den Sie vor dem Kochen abziehen sollten. Die meisten Bohnensorten sind aber zuchtbedingt inzwischen »fadenlos«.

Blanchieren oder Dünsten

Zuckerschoten und Erbsen schmecken roh, in Salzwasser blanchiert oder in Butter und etwas Gemüsebrühe gedünstet. Bohnen müssen blanchiert werden, nur so verlieren sie ihre giftigen Inhaltsstoffe. Für 200–300 g Gartenbohnen oder gepalte Erbsen 1 l Wasser mit 15–20 g Salz aufkochen. Kochen Sie das Gemüse offen im sprudelnden Wasser bissfest. Bohnen sind fertig, wenn sie beim Kauen nicht mehr quietschen. Das dauert je nach Dicke der Hülsenfrüchte 6–10 Minuten. Frische Erbsen benötigen nur 5–6 Minuten.

Nach dem Kochen abseihen und abschrecken. Gerade grünes Gemüse sollte, damit es seine schöne Farbe behält, schnell abkühlen. Sie können es dazu in kräftig gesalzenes Eiswasser geben oder unter fließend kaltem Wasser abschrecken. Beides hat den Nachteil, dass Geschmack und Nährstoffe verloren gehen. Alternativ lassen Sie das Gemüse auf einer große Platte oder einem Blech abkühlen. Stellen Sie dieses, falls möglich, 10 Minuten in die Tiefkühltruhe.

Kochen im Schnellkochtopf

Hülsenfrüchte lassen sich übrigens auch sehr gut im Schnellkochtopf zubereiten. Das reduziert die langen Kochzeiten, spart Energie und schont wertvolle Inhaltstoffe. Frische Erbsen, Zuckerschoten und Bohnen garen besonders schonend im Dämpfeinsatz des Schnellkochtopfs. Einzig rote und gelbe Linsen nicht im Schnellkochtopf kochen, da sie allzu schnell zerfallen.

Sprossen und Keimlinge aus Hülsenfrüchten

Mungbohnenkeimlinge und Sojasprossen machen Suppen und Salate knackig und besonders. Zudem enthalten sie Vitamine und Mineralstoffe. Die getrockneten Samen von Hülsenfrüchten eignen sich besonders gut, um Keimlinge und Sprossen selbst zu ziehen. Bei der Aufzucht sollte man allerdings sehr hygienisch vorgehen, da Krankheitserreger und Bakterien (z. B. EHEC, Salmonellen, Colibakterien und Hefepilze) das feucht-warme Milieu mögen. Falls die Keimlinge »muffig« riechen, schimmeln oder schleimig aussehen, sind sie nicht mehr essbar. Auch fertig gezogene und abgepackte Sprossen sollten sehr gründlich gewaschen und in kurzer Zeit verzehrt werden. Bakterien können sich auf den verpackten Sprossen innerhalb weniger Tage schnell vermehren. Personen mit geschwächter Immunabwehr sollten generell daher am besten auf Sprossen verzichten.

Einweich- und Kochzeiten für Hülsenfrüchte

	Einweichzeit (in Stunden)	Kochzeit (in Minuten) konventionell	Kochzeit (in Minuten) im Schnellkochtopf
Frisch			
Breite Bohnen/Stangenbohnen	–	8–10	5–7
Dicke Bohnen (Kerne)	–	6–8	4–6
Erbsen, frisch	–	5–6	3–5
Erbsen, TK	–	3–4	3
Busch-/Schnippel-/Schlangen-/Spargel-bohnen	–	8–10	5–7
Prinzess-/Keniabohnen	–	4–6	3–5
Zuckerschoten	–	2–3	3–5
Getrocknet			
Augenbohnen	12	30–45	20
Belugalinsen	–	30–40	15–20
Berglinsen	–	30–40	15–20
Cannellinibohnen	12	60–90	30–60
Dicke Bohnen/Favabohnen	24	120	60
Erbsen, gelbe und grüne Schälerbsen	–	30–45	15–20
Erbsen, grüne und gelbe (mit Schale)	12	60	30
Feuerbohnen	12	120	60
Kichererbsen	12	60	30
Kidneybohnen	12	50–60	20–30
Limabohnen	12	120–150	60–75
Linsen, gelbe und rote	–	6–8	(ungeeignet)
Mungbohnen	12	30–40	20
Munglinsen	–	10–15	5–10
Puylinsen	–	35–40	20
Sojabohnen	12	120	60
Tellerlinsen	–	45	20
Urdbohnen	12	60	30
Wachtelbohnen	12	50–60	25–30
weiße Bohnen	12	60	30

Essig und Öl selber ansetzen

Himbeeressig, Zitronenöl und Co. gibt es in guter Qualität auch fertig zu kaufen, besondere Mischungen allerdings sind schwer erhältlich oder unverhältnismäßig teuer. Selber ansetzen lautet da die Devise!

Und das macht Spaß und ist gar nicht so schwer, Sie werden sehen! Die Grundregel: Verwenden Sie nur allerbeste Zutaten und arbeiten Sie so hygienisch wie möglich. Ehe Sie starten, erhitzen Sie in einem großen Topf Wasser. Darin kochen Sie die Flaschen, in denen Sie den Essig oder das Öl ansetzen möchten, einige Minuten aus. Anschließend lassen Sie die Flaschen umgedreht auf einem sauberen Küchentuch trocknen und vollständig abkühlen.

An Zutaten sind nur beste reife Früchte, makellose frische Kräuter oder frisch gekaufte Gewürze geeignet. Eine einzige Himbeere mit Schimmelbefall kann Ihnen den Ansatz verderben, welke Kräuter oder überlagerte Gewürze sind nur mäßig aromatisch. Auch das Öl oder der Essig zum Ansetzen sollte von bester Qualität sein.

Essige ansetzen

Verlesen Sie die Beeren sehr sorgfältig, waschen Sie sie vorsichtig und lassen Sie sie auf Küchenpapier abtropfen. Kräuter waschen Sie und schütteln die Zweige gründlich trocken, trockene Gewürze müssen nicht vorbereitet werden. Dann geben Sie die gewünschten Zutaten in die vorbereitete Flasche, füllen mit dem Essig auf und verschließen das Gefäß gut mit einem Korken oder Schraubverschluss. Achten Sie darauf, dass alle Zutaten vollständig mit Essig bedeckt sind! Wenn etwa Kräuterzweige aus der Flüssigkeit ragen, so besteht die Gefahr, dass sie nach einiger Zeit zu schimmeln anfangen. Der Essig muss nun an einem kühlen und dunklen Ort durchziehen, bis die Zutaten ihr Aroma abgegeben haben. Das kann im Keller sein, auch eine kühle Speisekammer ist ein guter Ort, im Kühlschrank dagegen herrschen zu niedrige Temperaturen. In alten Büchern liest man manchmal, dass, damit der Prozess schnell vonstatten geht, der Ansatzessig der Sonne ausgesetzt werden soll. Das ist jedoch meist keine so gute Idee, haben Sie lieber ein wenig Geduld.

Nach 3–4 Wochen ist es so weit: Der Essig hat das Aroma der Früchte oder Kräuter angenommen, diese wiederum sind nun ausgelaugt und unansehnlich. Deshalb gießen Sie den aromatisierten Essig durch ein feines Sieb in saubere neue Flaschen ab und werfen die Aromazutaten weg. Ich fülle den fertigen Essig immer in kleine Fläschchen ab, deren Inhalt ich in etwa drei Monaten aufbrauchen werde. Dann nämlich muss ich nicht ständig aufpassen, dass der Essig auch in der Küche kühl und dunkel steht. Die noch nicht angebrochenen Fläschchen warten, gut verkorkt, im Keller auf ihren Einsatz.

Welchen Essig Sie zum Ansetzen verwenden, hängt von den Zutaten ab. Für Himbeeren und zarte Kräuter wie Estragon eignet sich ein milder Weißwein- oder weißer Balsamicoessig am besten. Die etwas kräftigeren Cranberrys können Sie wahlweise in Weißwein- oder Sherryessig ansetzen. Für Holunderblüten ist Champagneressig eine exquisite Wahl, der ein

besonders feines Ergebnis verspricht. Asiatische Zutaten mit Ingwer, Zitronengras und Chili schließlich entfalten in neutralem Reisessig ihr ganzes Aroma. Aber experimentieren Sie ruhig auch mit Rotweinessig: Würzige Zutaten wie Rosmarin, Lorbeer, Knoblauch und Pfeffer machen daraus einen kräftigen Essig, der gut zu mediterranen Salaten mit Schafskäse und Oliven passt oder zum Abschmecken von Bratensaucen dient.

Öle ansetzen

Neben Früchten und Kräutern eignen sich zum Ansetzen von Ölen auch ganze (ungemahlene) Gewürze, getrocknete Pilze, Chilischoten und vieles mehr. Auch hier gilt: je besser die Zutaten, desto besser das Ergebnis. Es ist also ratsam, ein gutes kalt gepresstes Öl, am besten in Bioqualität, zu verwenden. Bei mediterranen Würzmischungen ist Olivenöl die optimale Basis, bei asiatischen Zutaten ist Raps- oder Sojaöl die bessere Wahl. Hygienische Verarbeitung hat natürlich auch hier oberste Priorität. Früchte und Kräuter müssen vorher wie beim Essig verlesen, gewaschen und getrocknet werden. Bei Kräutern ist es ratsam, sie klein zu hacken, dann geben sie ihre ätherischen Öle am besten an das Öl ab. Wenn sie sich in den ersten Tagen als Pfropf im Flaschenhals sammeln, so schütteln Sie die Flasche gelegentlich, damit sich die Kräuter in der ganzen Flasche verteilen.

Manche Zutaten wie getrocknete Pilze oder Vanilleschoten dürfen nach dem Durchziehen an einem kühlen, dunklen Ort im Öl bleiben. Bei Ansatzöl mit Kräutern, Knoblauch etc. ist es besser, die Aromazusätze nach der im Rezept angegeben Zeit vom Öl zu trennen und das aromatisierte Öl in neue Flaschen abzufüllen. Auch da rate ich, besonders bei exotischen Mischungen, die man nicht alle Tage verwendet, lieber kleine Fläschchen zu nehmen und den Rest kühl und dunkel im Vorrat aufzubewahren. Die im Gebrauch befindlichen Öle halten mindestens drei Monate, noch nicht angebrochene Fläschchen kann man etwa ein Jahr lagern. Auch wenn sie danach nicht unbedingt verdorben sind, wird das Aroma doch mit der Zeit schwächer.

Zu verschenken

Selbst gemachte Geschenke stehen heutzutage wieder hoch im Kurs: Ob Kuchen, Marmeladen oder selbst gemachtes Pesto – damit legen Sie Ehre ein! Das Gleiche gilt natürlich für selber angesetzte Essige und Öle. Füllen Sie sie in hübsche kleine Fläschchen ab und beschriften Sie sie in Schönschrift. Wer das nicht so gut beherrscht, gestaltet dekorative Etiketten am PC. Schon haben Sie ein individuelles Geschenk für Feinschmecker.

Himbeeressig

Möglichst frisch gepflückte, makellose und reife Beeren führen zum besten Ergebnis.

Zubereitung: 10 Minuten
Durchziehen: 3–4 Wochen
Haltbarkeit: 1 Jahr

Zutaten

250 g frische Himbeeren
750 ml Weißweinessig

Die Himbeeren verlesen, vorsichtig waschen und auf Küchenpapier abtropfen lassen. Die Früchte in eine saubere Flasche geben und mit dem Essig aufgießen. Gut verschlossen 3–4 Wochen an einen kühlen und dunklen Ort stellen.

Den Essig durch ein feines Sieb abgießen, die Himbeeren wegwerfen. Den Himbeeressig in kleine Flaschen abfüllen.

Passt gut zu: Himbeeressig schmeckt fein in Blattsalaten mit Ziegenkäse, Leber oder Wild.

Variante: Für Erdbeeressig 250 g makellose kleine Erdbeeren waschen, auf Küchenpapier abtropfen lassen und die Kelchblätter entfernen. Dann für etwa 3 Wochen in 750 ml Weißwein- oder Champagneressig einlegen, abseihen und in kleine Flaschen füllen. Er passt besonders gut zu Blattsalaten mit Früchten, Nüssen und mild geräuchertem oder luftgetrocknetem Schinken.

Estragonessig

Estragon verleiht dem Essig eine ganz besondere feinsäuerliche Kräuterwürze.

Zubereitung: 10 Minuten
Durchziehen: 3–4 Wochen
Haltbarkeit: 1 Jahr

Zutaten

2–3 Zweige frischer Estragon
750 ml Weißweinessig
1 Zweig Estragon zur Dekoration

Die Estragonzweige waschen, trocken schütteln und in eine Flasche mit 750 ml Inhalt geben. Mit dem Essig auffüllen und gut verschlossen 3–4 Wochen an einem kühlen und dunklen Ort durchziehen lassen.

Den Essig durch ein feines Sieb abgießen, die ausgelaugten Kräuter wegwerfen. Den frischen Estragonzweig waschen, trocken schütteln und in kleine Zweiglein teilen. Diese in kleine Flaschen geben und mit dem Estragonessig übergießen.

Passt gut zu: Estragonessig ist köstlich in Salaten mit Pilzen oder Fisch.

Variante: Für Estragon-Schalotten-Essig geben Sie noch 4 geschälte, halbierte Schalotten mit in den Ansatz. Er passt gut zu grünem Salat.

Granatapfelessig

Wie funkelnde Edelsteine sehen sie aus, die Kerne des Granatapfels.

Zubereitung: 15 Minuten
Durchziehen: 3–4 Wochen
Haltbarkeit: 1 Jahr

Zutaten

1 kleiner Granatapfel
750 ml Weißweinessig
Granatapfelkerne zur Dekoration (nach Belieben)

- Aus dem Granatapfel den Blütenansatz herausschneiden und die Frucht in zwei Hälften brechen. Die Kerne herauslösen und die harten weißen Stückchen der Trennwände aussortieren.
- Die Granatapfelkerne zusammen mit dem Essig in eine Flasche füllen und gut verschlossen 3–4 Wochen an einem kühlen und dunklen Ort durchziehen lassen.
- Den Fruchtessig durch ein feines Sieb abgießen, die Kerne wegwerfen. Den Essig in kleine Flaschen abfüllen. Wer mag, kann zur Dekoration pro Flasche jeweils 1 EL frische Granatapfelkerne hinzufügen.

Passt gut zu: Granatapfelessig schmeckt gut in Salaten mit Chicorée oder Gurke und Roastbeef, Entenbrust oder Lammfleisch.

Cranberryessig

Ahornsirup rundet das Aroma dieses herbsäuerlichen Fruchtessigs harmonisch ab.

Zubereitung: 10 Minuten
Durchziehen: 3–4 Wochen
Haltbarkeit: 1 Jahr

Zutaten

150 g frische Cranberrys
2 EL Ahornsirup
750 ml Weißweinessig

- Die Cranberrys verlesen, waschen und auf Küchenpapier abtropfen lassen. Mit dem Ahornsirup und dem Essig in eine Flasche füllen und gut verschlossen 3–4 Wochen an einem kühlen und dunklen Ort durchziehen lassen.
- Den Essig durch ein feines Sieb abgießen, die Beeren wegwerfen. Die Flüssigkeit in kleine Flaschen abfüllen.

Variante: Wenn Sie keine frischen Cranberrys bekommen, können Sie den Essig auch mit 100 g getrockneten Cranberrys ansetzen (Ahornsirup ist dann nicht nötig). Statt Weißweinessig passt auch Sherryessig.

Passt gut zu: Cranberryessig ist köstlich in Salaten mit Rotkraut, Nüssen und Wild oder Ente.

Holunderblütenessig

Im späten Frühling, wenn der Holunder blüht, ist es Zeit, diesen feinen Blütenessig anzusetzen.

Zubereitung: 10 Minuten
Durchziehen: 3–4 Wochen
Haltbarkeit: 1 Jahr

Zutaten

3–4 frisch aufgeblühte Dolden Holunderblüten
750 ml weißer Balsam- oder Champagneressig

- Die Blütendolden kurz in stehendem kaltem Wasser waschen, trocken schütteln und auf Küchenpapier abtropfen lassen. In eine Flasche geben und mit dem Essig auffüllen (alle Blüten müssen vollständig bedeckt sein, weil sonst Schimmelbildung droht!). Gut verschlossen 3–4 Wochen an einem kühlen und dunklen Ort durchziehen lassen.

- Den Essig durch ein feines Sieb abgießen, die Blüten wegwerfen. Die Flüssigkeit in kleine Flaschen abfüllen.

Passst gut zu: Das zarte Blütenaroma harmoniert hervorragend mit Spargel, bereichert aber auch Blattsalate mit Hähnchenfleisch oder Fisch.

Zitronengras-Ingwer-Essig

Zitrusfrische und würzige Schärfe verleihen diesem Ansatzessig einen exotischen Touch.

Zubereitung: 15 Minuten
Durchziehen: 3–4 Wochen
Haltbarkeit: 1 Jahr

Zutaten

2 Stängel Zitronengras
1 Stück frischer Ingwer (etwa 6 cm)
750 ml Reisessig

- Die äußeren harten Hüllblättern von den Zitronengrasstängeln entfernen. Das untere weiche Drittel in Scheiben schneiden, den Rest in Stücke schneiden und weich klopfen, damit das Zitronengras sein Aroma optimal an den Essig abgibt. Den Ingwer schälen und in Scheiben schneiden.

- Alles in eine Flasche geben, mit dem Reisessig auffüllen und gut verschlossen 3–4 Wochen an einem kühlen und dunklen Ort durchziehen lassen. Dann ist der Essig gebrauchsfertig, Ingwer und Zitronengras können in der Flasche bleiben, müssen aber immer gut mit Essig bedeckt sein.

Passt gut zu: Zitronengras-Ingwer-Essig bereichert asiatisch inspirierte Salate mit Glasnudeln, Fisch oder Garnelen.

Variante: Wer es scharf liebt, gibt noch 3–5 kleine grüne Thai-Chilischoten mit in den Ansatz.

Zitrus-Rosmarin-Öl

Das feine Würzöl duftet nach einem sonnigen Sommertag im Süden.

Zubereitung: 10 Minuten
Durchziehen: 2 Wochen
Haltbarkeit: 6 Monate

Zutaten

1 unbehandelte Zitrone
2 Zweige frischer Rosmarin
10 schwarze Pfefferkörner
750 ml kalt gepresstes Olivenöl

Die Zitrone heiß abwaschen und abtrocknen. Die Schale mit dem Sparschäler in Spiralen abschälen. Die beiden Rosmarinzweige heiß abwaschen, trocken schütteln und mit der Zitronenschale und den Pfefferkörnern in eine Flasche geben. Mit dem Öl auffüllen und gut verschlossen 2 Wochen an einem kühlen und dunklen Ort durchziehen lassen.

Das Öl durch ein feines Sieb abseihen (die Würzzutaten wegwerfen) und in kleine Flaschen füllen.

Passt gut zu: Das Zitrus-Rosmarin-Öl schmeckt gut zu gegrillten Gemüse-Antipasti, aber auch zu Salaten mit gegrilltem Fisch oder Fleisch.

Variante: Statt Rosmarin können Sie für ein Zitrus-Thymian-Öl auch 4–5 Zweige frischen Thymian verwenden. Wer mag, fügt noch 2 geschälte Knoblauchzehen hinzu.

Provenzalisches Kräuteröl

Lavendel verleiht dem französischen Klassiker ein ganz eigenes, blumiges Aroma.

Zubereitung: 10 Minuten
Durchziehen: 10 Tage
Haltbarkeit: 6 Monate

Zutaten

1 Bund frische Kräuter der Provence (Thymian, Oregano, Lavendel, höchstens 1 Lorbeerblatt)
5 weiße Pfefferkörner
750 ml kalt gepresstes Olivenöl

Die Kräuter waschen und trocken schütteln, die Blätter und Blüten abzupfen und fein hacken. Mit den Pfefferkörnern in eine Flasche geben und mit dem Öl auffüllen. Gut verschlossen 10 Tage an einem kühlen und dunklen Ort durchziehen lassen, dabei gelegentlich schütteln, weil sich die Würzzutaten anfangs im Flaschenhals sammeln.

Das Öl durch ein feines Sieb abseihen (Gewürze wegwerfen) und in kleine Flaschen abfüllen.

Passt gut zu: Das provenzalische Kräuteröl bereichert Salate mit Artischocken, Oliven, Ziegenkäse oder auch mit Thunfisch.

Orientalisches Gewürzöl

Ein verführerisch weihnachtlicher Duft verbreitet sich, wenn Sie dieses Öl ansetzen.

Zubereitung: 15 Minuten
Durchziehen: 2 Wochen
Haltbarkeit: 6 Monate

Zutaten

1 Zimtstange
3 Gewürznelken
5 Pimentkörner
1 Sternanis
10 schwarze Pfefferkörner
750 ml Raps- oder Sonnenblumenöl

Die Gewürze in einem Pfännchen bei schwacher Hitze ohne Fett rösten, bis sie anfangen zu duften. Vom Herd nehmen und lauwarm abkühlen lassen. Dann in eine Flasche geben, mit dem Öl auffüllen und gut verschlossen 2 Wochen an einem kühlen und dunklen Ort durchziehen lassen. Dann ist das Öl gebrauchsfertig (die Gewürze können im Öl bleiben).

Passt gut zu: Das orientalische Gewürzöl verleiht Salaten mit Karotten, Süßkartoffeln, Kichererbsen oder Spinat eine feinwürzige Note.

Variante: Für Kreuzkümmel-Koriander-Öl je 1 EL Koriander- und Kreuzkümmelsamen sanft rösten, lauwarm abgekühlt mit 750 ml Öl auffüllen und 10 Tage durchziehen lassen. Dann abseihen und für Salate mit würzigem Tofu verwenden.

Kräuter-Knoblauch-Öl

Italienische Kräuter und reichlich Knoblauch sorgen für ein mediterranes Aromenfeuerwerk.

Zubereitung: 10 Minuten
Durchziehen: 2 Wochen
Haltbarkeit: 6 Monate

Zutaten

2 Zweige Rosmarin
3–4 Zweige Thymian
5 Knoblauchzehen
5 schwarze Pfefferkörner
750 ml kalt gepresstes Olivenöl

Die Rosmarinzweige heiß, die Thymianzweige kalt abbrausen, trocken schütteln und in eine Flasche geben. Die Knoblauchzehen schälen, halbieren und gegebenenfalls die grünen Triebe entfernen. Mit den Pfefferkörnern in die Flasche geben und mit dem Öl auffüllen. Gut verschlossen 2 Wochen an einem kühlen und dunklen Ort durchziehen lassen.

Das Öl durch ein feines Sieb abseihen (Kräuterzweige, Knoblauch und Pfeffer wegwerfen) und in kleine Flaschen abfüllen.

Passt gut zu: Das Würzöl schmeckt gut zu Salaten mit gegrilltem Gemüse, aber auch zu Blattsalaten.

Variante: Wer mag, gibt noch ein frisches Lorbeerblatt mit in den Ansatz. Das etwas strenge Aroma ist aber nicht jedermanns Sache.

Zitronengras-Chili-Öl

Liebhaber asiatisch-scharfer Salate sollten dieses Öl unbedingt im Vorrat haben.

Zubereitung: 10 Minuten
Durchziehen: 10 Tage
Haltbarkeit: 6 Monate

Zutaten

2 Stängel Zitronengras
5 kleine rote Chilischoten
750 ml Soja- oder Rapsöl

Die äußeren harten Hüllblättern von den Zitronengrasstängeln entfernen. Das untere weiche Drittel fein hacken. Die Chilischoten waschen, die Stielansätze entfernen und die Schoten fein schneiden. Beides in eine Flasche füllen (Hände waschen nicht vergessen, die Chilischärfe reizt Augen, Mund- und Nasenschleimhaut!) und mit dem Öl auffüllen. Gut verschlossen an einem kühlen und dunklen Ort 10 Tage durchziehen lassen.

Das Öl durch ein feines Sieb abseihen (Würzzutaten wegwerfen) und in kleine Flaschen abfüllen.

Passt gut zu: Das Würzöl bereichert asiatische Salate mit Glasnudeln, Hackfleisch, Hähnchen oder Garnelen.

Variante: Für ein superschnelles Chiliöl eine oder zwei kleine rote Chilischoten waschen, ohne Stielansatz etwas zerkleinern und im Mörser mit einer Prise Salz fein zerstoßen. Mit 6 EL Soja- oder Rapsöl verrühren und 10 Minuten durchziehen lassen. Dann nach Belieben durch ein feines Sieb abseihen und weiterverwenden.

Ingwer-Limetten-Öl

Limettenblätter und -schale geben dem Öl eine frische Note, die gut zu Thai-Salaten passt.

Zubereitung: 15 Minuten
Durchziehen: 10 Tage
Haltbarkeit: 6 Monate

Zutaten

1 Stück frischer Ingwer (ca. 4 cm)
1 unbehandelte Limette
10 frische
Kaffirlimettenblätter (aus dem Asialaden)
2 Knoblauchzehen
10 weiße Pfefferkörner
1 Gewürznelke | 750 ml Soja- oder Rapsöl

Den Ingwer schälen und fein hacken. Die Limette heiß abwaschen, abtrocknen und die Schale mit einem Zestenreißer in feinen Spänen abziehen. Die Limettenblätter waschen, abtrocknen und an den Rändern mehrfach einreißen, damit sie ihr Aroma besser an das Öl abgeben. Den Knoblauch schälen und fein hacken (falls ein grüner Trieb enthalten ist, unbedingt entfernen!). Alle vorbereiteten Zutaten mit den Pfefferkörnern und der Gewürznelke in eine Flasche geben und mit dem Öl aufgießen. Gut verschlossen 10 Tage an einem kühlen und dunklen Ort durchziehen lassen, dabei die Flasche gelegentlich schütteln, weil sich anfangs alle Zutaten im Flaschenhals sammeln.

Das Öl durch ein feines Sieb abseihen (Würzzutaten entsorgen) und in kleine Flaschen abfüllen.

Variante: Die Pfefferkörner durch 3–4 kleine grüne Thai-Chilischoten ersetzen.

Passt gut zu: Salaten mit Karotten, Kürbis, Mango, Papaya, Spinat oder Garnelen.

Basilikum

Das Königskraut

Basilikum (von Altgriechisch basileús = König) gehört zu den Lippenblütengewächsen. Der Herkunftsort von Basilikum liegt vermutlich in Indien. Erst im 12. Jahrhundert wird das Kraut auch in Deutschland kultiviert. Es gibt zahlreiche Basilikumsorten, die sich im Geschmack, der Blätterfarbe und -form unterscheiden. Zu den bekanntesten Sorten gehören »Opal«, das rotblättrige Basilikum, und »Genoveser«, das häufig für Pestos verwendet wird. Das buschige Kraut liebt nährstoffreiche Böden an sonnig-warmen Plätzen. Getrocknet oder tiefgefroren verliert Basilikum von seinem Aroma. Frisches Basilikum gilt als elementares Würzkraut der italienischen Küche. Der wüzig-süße, leicht nelkenartige Geschmack des Krauts kommt am besten frisch in Salaten zur Geltung, passt aber auch hervorragend zu Saucen, Fleisch-, Fisch- und Tomatengerichten. Dabei sollte Basilikum immer erst kurz vor Ende der Garzeit zugefügt werden, da sein Aroma unter starker Hitze leidet und es leicht bitter wird.

Bohnenkraut

Der Pfefferersatz

Bohnenkraut wird der Familie der Lippenblütengewächse zugeordnet. Ursprünglich in Südeuropa beheimatet, wurde das Kraut vermutlich von Mönchen über die Alpen nach Mitteleuropa gebracht. Das Sommer- bzw. Gartenbohnenkraut ist einjährig und sehr aromatisch, während das mehrjährige Winter- oder Bergbohnenkraut einen etwas herberen Geschmack hat. Bohnenkraut braucht einen sonnigen, warmen, windgeschützten und trockenen Standort. Kurz vor der Blüte werden die Stängel mit den Blättern dicht über der Erde abgeschnitten und entweder frisch, eingefroren oder getrocknet verwendet. Aufgrund seines würzigen und pfeffrigen Geschmacks kann das Kraut auch gut als Pfefferersatz dienen. Es passt, wie sein Name schon sagt, besonders gut zu Bohnengerichten, harmoniert aber ebenso mit anderen Hülsenfrüchten und verfeinert Fisch-, Lamm- oder Kartoffelgerichte.

Dill

Der grazile Riese

Das beliebte Küchenkraut gehört zur Familie der Doldenblüter und sieht dem Fenchel sehr ähnlich. Die einjährige Pflanze, die auch Gurkenkraut genannt wird, weist einen feinen Wuchs mit zart gefiederten Blättern auf und kann eine Höhe von über einem Meter erreichen. Dill wächst an windgeschützten, sonnigen und warmen Standorten und auf nährstoffreicher Erde besonders gut. Den ganzen Sommer über können die zarten Spitzen, Blätter und Stängel frisch verwendet werden. Das feinwürzige Kraut kann man auch getrocknet oder tiefgefroren einsetzen, verliert allerdings durch die Konservierung an Würzkraft. Der kümmelähnliche, würzig-süße Geschmack harmoniert am besten mit Fisch, Gemüse, Saucen, Salaten oder Eingelegtem. Die zarten Blätter sollten im Gegensatz zu den Stängeln nicht mitgekocht, sondern erst vor dem Servieren zugegeben werden. Damit Dill seine Würzkraft noch besser entfaltet, kann das Kraut vor dem Gebrauch zerrieben werden.

Estragon

Das Kraut der Kreuzfahrer

Der Korbblüter Estragon eroberte aus Südrussland und der Mongolei kommend vor allem die französische Küche. Vermutlich ist das Kraut erst mit den Kreuzfahrern in den Mittelmeerraum gelangt. Estragon, das viele ätherische Öle enthält, benötigt viel Platz zum Wachsen und gedeiht am besten an sonnigen Standorten und in nährstoffreichem Boden. Im Sommer können die jungen Triebspitzen und schmalen länglichen Blätter laufend geerntet, frisch verwendet oder tiefgefroren werden. Getrocknet verliert das Kraut sehr an Aroma. Sein würzig-herber, leicht bitterer und anisähnlicher Geschmack vermag salzarme Gerichte schmackhafter zu machen. Estragon verfeinert nicht nur Salatmarinaden und Suppen, sondern auch Gemüse, Fisch- und Fleischgerichte. Als »Muss« gilt Estragon für die Sauce béarnaise und die klassische Kräuterbutter. Sehr beliebt sind auch Estragonsenf oder -essig.

Kresse

Das kultivierte Gartenkraut

Die Gartenkresse gehört zur Familie der Kreuzblütengewächse und hat ihren Ursprung in Vorderasien. Bereits von den Ägyptern, den Griechen und Römern wurde das einjährige Kraut geschätzt. Karl der Große soll den Anbau der Kresse sogar gefördert haben. Die Kresse ist ganz einfach im Beet oder im Haus in einer Keimschale oder auf feuchtem Küchenpapier zu ziehen. Schon nach etwa einer Woche kann die Keimpflanze geerntet werden. Wird regelmäßig nachgesät und werden die Samen immer feucht und warm gehalten, kann Kresse ganzjährig auf der Fensterbank wachsen. Gegessen werden die Keimpflanzen vor der Blüte, denn danach wird die Pflanze ungenießbar. Kresse hat einen würzigen, pfeffrigen und erfrischend scharfen Geschmack, der an Senf oder Meerrettich erinnert. Kressepflanzen werden ausschließlich frisch verwendet. Als ganzes Pflänzchen oder klein geschnitten verfeinert Kresse Salate, Saucen, Suppen oder wertet Speisen optisch auf.

Brunnenkresse

Das wilde Wasserkraut

Brunnenkresse, auch unter den Namen Wasser oder Bachkresse bekannt, ist ein Kreuzblütengewächs, das vor allem wild wachsend vorkommt. Die Brunnenkresse ist in Europa beheimatet und bevorzugt fließende Gewässer und kühle, schattige Standorte. Die Pflanzen werden bis zu 80 Zentimeter hoch und haben fleischige Blätter. Ihre Triebspitzen werden gern als Gemüse verwendet. Wie die Gartenkresse schmecken die Blätter der Brunnenkresse scharf, pfeffrig und leicht bitter. Die Samen haben einen senfähnlichen Geschmack. Brunnenkresse ist reich an Vitaminen und Mineralstoffen und eignet sich zum Würzen von Salatgemüse und Fleischgerichten sowie zum Garnieren von kalten Platten und Eierspeisen. Dazu wird oft eine Sauce aus Zitronensaft und Zucker bereitet.

Kerbel

Das Feinschmeckerkraut

Der Echte Kerbel gehört zur Familie der Doldenblüter und hat seinen Ursprung wahrscheinlich in Westasien und in Südeuropa. Das einjährige, buschig wachsende Kraut mit glatten oder krausen Blättern ähnelt seinem Geruch und Geschmack nach ein wenig der Petersilie. Kerbel weist allerdings ein feineres Aroma auf und sein Wuchs ist etwas zierlicher. Das recht anspruchslose Kraut wächst nicht nur im Halbschatten auf lockerem, feuchtem und nährstoffarmem Boden, sondern gedeiht auch gut auf der Fensterbank. Die gefiederten Blätter werden entweder frisch verwendet oder eingefroren. Durch Trocknen und langes Kochen verliert Kerbel sein Aroma. Das Kraut schmeckt dann wie Heu. Fein gehackte Blätter oder zarte Zweige reagieren empfindlich auf Hitze und sollten daher erst kurz vor dem Servieren von Kräutersaucen, Suppen, Fisch- und Geflügelgerichten sowie Eierspeisen zugegeben werden. Kerbel ist unter anderem ein wichtiger Bestandteil der Frankfurter Grünen Sauce.

Koriander

Die Chinesische Petersilie

Der Echte Koriander, unter anderem auch unter dem Namen Chinesische Petersilie bekannt, stammt aus der Familie der Doldenblüter und ist mit Anis und Kümmel verwandt. Das Würzkraut hat seinen Ursprung im Vorderen Orient und wurde schon von den Griechen und Römern verwendet. Heute wird Koriander auf der ganzen Welt angebaut. Während seine Samen bevorzugt zu Curry verarbeitet werden und Brote, Brötchen, Plätzchen und Kohlgerichte verfeinern, kommen die hellgrünen, gefiederten Korianderblätter vor allem in der asiatischen, indischen und südamerikanischen Küche zum Einsatz. Dem Aussehen nach ähnelt Koriander zwar der Petersilie, unterscheidet sich aber durch seinen seifenähnlichen Geruch, den man entweder liebt oder hasst. In Europa wird Koriander immer beliebter – das Kraut ist zum Beispiel ein traditioneller Bestandteil der kanarischen Würzsauce Mojo verde.

Liebstöckel

Das Maggikraut

Liebstöckel ist ein typisch deutsches Würzkraut und wird aufgrund seines an Sellerie und Fleischbrühe erinnernden Geschmackes im Volksmund auch Maggikraut oder Luststock genannt. Aus dem Mittleren Osten, vermutlich dem ehemaligen Persien stammend, wurde das Doldenblütengewächs von Mönchen nach Europa gebracht und kultiviert. Liebstöckel gedeiht auf nährstoffreichem, halbschattigem, feuchtem Boden und benötigt viel Platz zum Wachsen. Die winterharte Pflanze mit den verzweigten Blättern kann bis zu zwei Meter hoch werden. Ihre Samen, Wurzeln und Blätter haben einen sellerieähnlichen und leicht bitter-süßen Geschmack, sie können in der Diätkuche auch als Salzersatz dienen. Frisch, tiefgefroren oder getrocknet verleihen die fein geschnittenen Liebstöckelblätter Suppen, Salaten sowie Gemüse-, Fleisch- und Fischgerichten eine herzhafte Note. Die getrockneten Samen verfeinern nicht nur Eintöpfe und Braten, sondern auch Käsegerichte, Brot und Gebäck.

Lorbeer

Die edle Gewürzpflanze

Der Echte Lorbeer oder Gewürzlorbeer aus der Familie der immergrünen Lorbeergewächse ist sowohl geschmacksintensiv als auch dekorativ. Kein Wunder also, dass der Lorbeerkranz bereits in der Antike ein Symbol des Sieges und Ruhmes war und sich der heutige akademische Grad Bachelor (lateinisch Baccalaureus) von Lorbeer ableitet. Ursprünglich aus Vorderasien stammend, bevorzugt das Laubgehölz sandigen, nährstoffreichen Boden an sonnigen und windgeschützten Standorten. In der Küche verwendet man in der Regel die getrockneten Lorbeerblätter, da die frischen leicht bitter schmecken. Der herb-würzige und vollmundige Geschmack des Lorbeers verfeinert Suppen, Eintöpfe, Fisch-, Fleisch- und Wildgerichte. Auch Sauerkraut, Rotkohl, Eingelegtes und Sülzen werden durch die kräftig grünen Blätter aromatisiert. Darüber hinaus gehören Lorbeerblätter als fester Bestandteil ins Bouquet garni.

Majoran

Das klassische Wurstkraut

Majoran, auch Gartenmajoran genannt, gehört zu den wichtigsten kultivierten Gewürzpflanzen in Deutschland. Das aus Kleinasien stammende Lippenblütengewächs hat dünne, leicht rötliche Stängel und wird bis zu 80 Zentimter hoch. Seine Blätter sind eiförmig und behaart, die Blüten weiß oder rosafarben. Majoran wächst auf warmem, trockenem und lockerem Boden. Man kann die einjährige krautige Pflanze auch gut im Balkonkasten oder Blumentopf ziehen. Die Majorantriebe werden frisch oder getrocknet als Würzmittel für eine Vielzahl von Gerichten verwendet. Sein blumiger, zitroniger, lieblich-würziger Geschmack aromatisert Suppen, Eintöpfe und Pizzas sowie Kartoffel- und Fleischgerichte. Da das Kraut aber auch vielen Brat-, Blut- und Leberwürsten eine charakteristische Würze verleiht, hat es den Beinamen Wurstkraut erhalten. Majoran und Oregano sind zwar verwandt und werden oft miteinander verwechselt, doch während Oregano nach Thymian riecht, duftet Majoran mildwürzig nach Blüten.

Melisse

Das Bienenkraut

Die Zitronenmelisse ist die bekannteste Melissenart. Das buschige Lippenblütengewächs stammt aus dem östlichen Mittelmeergebiet und Westasien. Melissen haben viereckige Stängel, herzförmige krause Blätter und verströmen einen intensiven säuerlichen, zitronenähnlichen Duft. Der Name Melisse hängt mit dem griechischen Wort »meli« zusammen, das Honig bedeutet, denn die weißlichen Blüten locken im Sommer zahlreiche Bienen an. Die ausdauernde krautige Pflanze braucht lang zum Auskeimen, vermehrt sich allerdings sehr schnell. Melisse liebt windgeschützte, warme Standorte und humusreiche, lockere Böden. Vom Frühjahr bis zum Herbst können die Blätter und die zarten Triebe abgeschnitten und am besten frisch verwendet werden. Das Zitrusaroma verleiht nicht nur Suppen, Salaten und Saucen eine feine Note, sondern auch Getränken, Marmeladen, Kompotten und Süßspeisen.

Minze

Das erfrischende Kraut

Die zur Familie der Lippenblütengewächse gehörenden zahlreichen Minzesorten sind nicht leicht voneinander abzugrenzen. Meist werden sie nach den Kriterien Duftnote, Herkunft und Inhaltsstoffen gegliedert. In Europa ist die Gruppe der Pfefferminze, einer Kreuzung aus Wasser- und Grüner Minze, mit ihrem pfeffrig-scharfen Aroma und ihrem hohen Gehalt an Menthol am weitesten verbreitet. Die Fruchtminzen wie die Orangen-, Apfel- oder Ananasminze weisen aufgrund ihres geringeren Mentholgehalts einen milderen Geschmack auf. In England, USA und Südeuropa werden die Grüne und Krause Minze bevorzugt angebaut, im nördlichen Afrika trinkt man die krausblättrige Nane-Minze als Tee. Die ganzjährig Blätter tragende Minze gedeiht an feuchten und sonnigen Standorten und eignet sich für Garten und Blumentopf. Kurz vor der Blüte und frisch verwendet haben die Minzeblätter das meiste Aroma. Überbrüht mit kochendem Wasser ergeben sie einen durstlöschenden, Magen und Darm beruhigenden Tee. Minze verfeinert Lamm-, Wild- und Fischgerichte sowie Saucen und Süßspeisen. Das erfrischende Kraut findet sich jedoch auch in Likören, Zartbitterschokolade, Bonbons und Kaugummi und dient darüber hinaus zur Herstellung von Minzöl.

Oregano

Das würzig-wilde Unkraut

Oregano, das beliebteste Kraut der italienischen und mediterranen Küche wird im Volksmund auch Wilder Majoran genannt, denn es gehört der gleichen Familie an. Bereits im Mittelalter wurde die anspruchslose Pflanze in Europa und im Mittleren Osten entdeckt. Sie wächst in südlichen Ländern wie Unkraut. Das zu den Lippenblütengewächsen gehörende Kraut ist zwar winterfest, fühlt sich aber an sonnigen, windgeschützten Plätzen, vor allem in kargen Steingärten, aber auch im Blumentopf sehr wohl. Einmal gepflanzt, bringt Oregano jedes Jahr neue Triebe hervor und entwickelt sich im Lauf der Zeit zur üppigen, bis zu 50 Zentimeter hohen Staude. Die grünen Blätter sind oval, geriffelt und leicht behaart, im Sommer leuchten die Oreganoblüten rosa-violett. Sehr beliebt in der Küche ist der intensive Griechische Oregano, der besonders gern für Pizza- und Pastagerichte verwendet wird. Oregano hat ein charakteristisches herbes Aroma, das schärfer, pikanter und intensiver ist als das von Majoran. Vor allem die getrockneten Blätter, die würziger als die frischen sind, kommen zum Einsatz. Ob mediterrane Tomatensauce oder Gemüsegerichte, Oregano darf nicht fehlen. Das Kraut verfeinert Grillmarinaden für Fisch, Meeresfrüchte oder Geflügel und passt ebenso zu Schafskäse oder auch Tex-Mex-Gerichten wie Chili con Carne.

Petersilie

Die beliebte Nummer eins

Die Petersilie gilt als das populärste Küchenkraut, das im Volksmund auch unter den Namen Peterle, Petergrün oder Peterling bekannt ist. Ursprünglich aus dem Mittelmeerraum kommend, wo die Petersilie schon die alten Griechen und Römer mit ihrer Würzkraft begeistert hat, wird die Petersilie heute über die Grenzen Europas hinaus angebaut und verwendet. Sie gehört zur Familie der Doldenblütengewächse und gedeiht besonders gut an sonnigen Standorten mit nährstoffreichen Böden. Man unterscheidet zwei Arten: die kraus- und die glattblättrige Petersilie. Die krause Petersilie ist weniger aromatisch als die glatte und wird gern zum Garnieren von Gerichten verwendet. Die glatte Petersilie spielt eine besondere Rolle in der türkischen und arabischen Küche und verleiht typischen Gerichten wie Taboulé eine besondere Note. Der Geschmack der Petersilie ist leicht süßlich-würzig und harmoniert mit fast allen Küchenkräutern. Daher wird sie oft als Universalgewürz bezeichnet. Das Kraut verfeinert sowohl Salate, Fleisch-, Fisch-, Gemüse- und Pilzgerichte als auch Suppen und Eintöpfe. Allgemein können die Blätter frisch, tiefgefroren oder getrocknet verwendet werden, wobei die Petersilie durch Trocknen, Tiefkühlen und Kochen an Aroma verliert. Die frisch gehackte Petersilie sollte am besten erst kurz vor Ende der Garzeit untergerührt werden.

Rosmarin

Das Nadelkraut

Rosmarin mit seinen hübsch anzusehenden blassblau bis zartviolett blühenden Blüten wird der Familie der Lippenblüter zugeordnet und ist eine uralte Kulturpflanze aus dem Mittelmeerraum.

Mit Rosmarin wurden im Altertum Statuen bekränzt und Bräute geschmückt. Das nadelige Kraut kann eine Höhe von zwei Metern erreichen und gedeiht am besten auf humusreichem, sandigem Boden an sonnigen Standorten. Da der Rosmarinstrauch frostempfindlich ist, muss er im Winter ins Haus geholt werden. Die Rosmarinnadeln schmecken herb-würzig, leicht bitter und kampferartig. Aufgrund der enthaltenen ätherischen Öle kann Rosmarin auch als kreislaufanregender und belebender Badezusatz dienen. In der Küche passt der Geschmack von Rosmarin sowohl zu kräftigem Fleisch wie Lamm, Kaninchen und Rind als auch zu mediterranem Gemüse. Rosmarinzweige eignen sich auch vorzüglich zum Aromatisieren von Essig oder Olivenöl. Vor allem beim Garen entfalten die zuvor zerriebenenen, zerdrückten oder gehackten nadelförmigen Rosmarinblättchen ihr volles Aroma. Aber auch ganze Zweige können mitgekocht und dann vor dem Servieren wieder entfernt werden.

Salbei

Das heilende Kraut

Salbei (von lateinisch salvare = heilen) ist ein Lippenblütengewächs und wird seit Jahrhunderten als Gewürz- und Arzneipflanze geschätzt. Das intensiv würzig und bitter schmeckende Kraut wirkt desinfizierend, fördert die Wundheilung und kann als Tee Halsschmerzen und Fieber lindern. Am weitesten verbreitet ist der Echte Salbei, auch Garten-, Küchen- oder Heilsalbei genannt. Die immergrüne Pflanze gedeiht an sonnigen, trockenen Standorten auf leicht kalkigem Boden. Verwendet werden die frischen oder getrockneten Blüten und Blätter des Krauts. Frischer Salbei ist milder und duftiger als der getrocknete. Mitgekocht oder in Öl angebraten würzt Salbei unter anderem Fleischgerichte wie Saltimbocca, Wild, Bratensaucen, Suppen, Salate, Fischgerichte und Quarkspeisen. Die kleinen lilafarbenen Blüten des Salbeis können nicht nur verzehrt, sondern auch als dekorative Garnitur eingesetzt werden.

Thymian

Das Erkältungskraut

Der Echte Thymian (von altgriechisch thymos = Rauch) wird den Lippenblütengewächsen zugeordnet und ist die bekannteste Sorte unter den zahlreichen Thymianarten, die als Heil- oder Gewürzpflanze Verwendung finden. Sehr beliebt ist auch der Zitronenthymian, ein Hybride aus der Gattung der Thymiane. Wie der Name andeutet, duftet und schmeckt der Zitronenthymian, dessen Blätter etwas heller und gelblicher sind als die des Echten Thymians, auffallend nach Zitrus und wird daher gern zum Verfeinern von Salaten verwendet. Beheimatet ist der Thymian vor allem im Mittelmeerraum, gedeiht aber auch hierzulande und eignet sich für Gartenbeet und Blumentopf. Das Kraut benötigt helle und trockene Standorte mit nährstoffarmen Böden. Im Garten kann der mehrjährige und winterharte Thymianstrauch durch seinen starken Duft als natürlicher Schädlingsbekämpfer wirken. Werden die Triebe und Blätter des Thymians kurz vor der Blüte geerntet, ist ihr würzig-süßliches Aroma am intensivsten. Thymian, der desinfizierend wirkt und auch gegen Erkältungskrankheiten eingesetzt wird, dient frisch oder getrocknet auch zur Herstellung von Thymianöl. Der Geschmack der getrockneten Blätter ist stärker als der von frischen. Beim Kochen entfaltet sich das Thymianaroma ganz besonders. Mit Thymian lassen sich alle mediterranen Gerichte mit Wild, Lamm und Geflügel würzen, das Kraut harmoniert ebenfalls mit vielen Gemüsesorten wie Zucchini, Auberginen und Paprika. Thymian gehört auch in die beliebte Kräutermischung »Herbes de Provence«.

Schnittlauch

Das Lauchkraut

Der Schnittlauch, das kleinste Mitglied in der Familie der Lauchgewächse, stammt ursprünglich aus Zentralasien und hat sich bereits vor Jahrtausenden über ganze Europa verbreitet. Er gilt als eines der robustesten Küchenkräuter und kann daher gut im Garten oder im Blumentopf auf der Fensterbank gezogen werden. Einmal in feuchter und nährstoffreicher Erde gesät, wächst Schnittlauch über viele Jahre. Werden die oberirdischen zehn bis 25 Zentimeter hohen Röhrenblätter etwa zwei Zentimeter über dem Boden abgeschnitten, wachsen sie das ganze Jahr über nach und können immer geerntet werden. Die ätherischen Öle des Schnittlauchs bedingen sein feinwürzig-dezentes Zwiebelaroma. Die röhrenförmigen Stängel sollten am besten frisch in feine Röllchen geschnitten über Fleischgerichte, Suppen, Eintöpfe, Saucen, Salate, Quark- und Eierspeisen gestreut werden. Sie sehen nicht nur dekorativ aus, sondern verleihen allen Speisen eine würzige Note. Wichtig: Schnittlauch niemals mitkochen!

Zitronenverbene

Das Parfümkraut

Die Zitronenverbene, auch Zitronenduftstrauch genannt, gehört zur Familie der Eisenkrautgewächse, deren Heimat in Südamerika liegt. Der robuste Strauch kann in freier Natur bis zu fünf Meter hoch werden, verträgt jedoch nur kurzfristig Minusgrade. Die pflegeleichte Pflanze gedeiht gut im Topf oder im Kübel auf der Fensterbank oder Terrasse. Die schlanken, lanzenartigen Blätter der Zitronenverbene sowie ihre lilafarbenen Blüten riechen intensiv nach Zitrone. Nicht nur die frischen, sondern auch die getrockneten Blätter verströmen bereits beim Zerreiben ein feines Zitrusaroma und lassen sich zu einem erfrischenden Tee aufbrühen oder dienen zur Parfümierung von Seifen. Die Feinschmecker verwenden das Kraut gern zum Aromatisieren von Süßspeisen und Getränken sowie von Salaten, Fleisch- und Pilzgerichten.

Rezeptregister

Zutatenregister